진짜 공신들만 아는

미대입시
마스터플랜

진짜 공신들만 아는 미대 입시 마스터플랜

초판 1쇄 인쇄 2017년 2월 20일
초판 1쇄 발행 2017년 3월 2일

지은이 이계진
발행인 조상현
마케팅 이영재
편집인 봄눈 김사라
디자인 김성엽의 디자인모아

펴낸곳 더디퍼런스
등록번호 제2015-000237호
주소 서울시 마포구 마포대로 127, 304호
문의 02-725-9988
팩스 02-6974-1237
이메일 thedibooks@naver.com
홈페이지 www.thedifference.co.kr

ISBN 979-11-6125-001-4 (13370)

진짜 공신들만 아는

미대입시
마스터플랜

예중에서 미대까지

이계진 지음

더디퍼런스

머리말

유치원 때부터 장래희망 칸에 항상 '화가'를 적었던 내가 미대에 다니며 이 글을 작성하기까지 약 10년이 흘렀다. 순수하게 좋아서 시작한 그림을 지금까지 그릴 수 있다는 건 정말 행운이라 생각한다.

'미대생이세요?'라는 질문 뒤에는 많은 질문과 궁금증이 쏟아진다. 어려서부터 미술과 함께하면서 어느 순간 미술 없이 나를 설명하기가 어려워졌다. 그렇지만 미대에 관한 질문에 매번 제대로 된 답변을 내놓지 못했다. 대강 얼버무려 말하기에는 성에 차지 않았다.

그러다 뜻밖의 기회가 찾아왔다. 우연히 신청한 '디자인스튜디오' 수업에서 1학기 동안 개인별 산학협력프로젝트를 진행해야 했던 것이다. 교수님께서 자율프로젝트를 말하는 순간 '책을 출판하고 싶다'는 생각이 들었다. 그동안 모아둔 글을 바탕으로 야심차게 책을 출판하자고 결정한 후 교수님의 응원을 받았다.

하지만 출판을 위해 원고를 다듬을 때마다 여러 걱정과 두려움이 늘어났다.

'혹시 민감한 사항을 건드리거나 잘못된 정보를 쓴 건 아닐까?'

이 걱정 때문에 한동안 글을 쓸 수가 없었다.

입시는 정말 민감한 사항이다. 많은 이해관계가 얽히고, 정답이 없어서 간단히 설명할 수도 없다. 책을 읽기만 했던 입장에서 직접 써야 하는 입장으로 바뀌니, 글쓰기가 쉽지 않은 일임을 뼈저리게 느끼게 되었다. 지금도 여전히 아쉬움이 남는다. 앞으로 조금 더 발전된 모습을 보여야 할 것 같다.

그럼에도 불구하고 결국 여기까지 왔다. 제일 먼저 아이디어 제안을 해주신 이민구 교수님과 부모님 덕분에 끝까지 글을 쓸 수 있었다. 비록 청강이었지만 이번 디자인스튜디오 수업을 통해 이러한 결과물을 만들 수 있게 되어 뿌듯하다. 과제라 여긴 학교 수업 프로젝트가 이렇게 커질 줄 몰랐다. 평생 잊을 수 없는 수업이 될 것 같다.

도움을 준 동기들과 친구들에게 모두 감사의 말을 전한다. 이 책은 오래전부터 써보고 싶었던 내용과 주변 사람들의 궁금증이 맞아떨어져 출간하게 되었다. 앞으로도 다양한 책을 써보고 싶고, 이것이 그 첫 발판이 되면 좋겠다.

늘 부족한 저에게 도움을 주신 모든 분들께 감사를 드립니다!

추천사

어느 봄의 늦은 수요일 저녁, 서울대학교 미술대학에서 열린 디자인스튜디오 수업의 미션은 사회와 소통하는 디자인이었습니다. 미술대학 학생들뿐 아니라 다양한 전공, 국적의 학생들이 함께 목표를 이루어나가는 4개월의 과정은 묵묵하게 아름다웠고, 기특했고, 빛났습니다. 학업과 지혜를 동시에 찾아가는 학생들의 멈춤 없던 호기심에 박수를 보냅니다. 이 책은 강의실 밖으로 나와 어릴 적 꿈을 직접 실천하고 있는 한 학생 개인의 (작가로서의 인생을 시작하는) 기록입니다. Art & Design 분야를 준비하는 독자들의 꿈에 큰 도움이 되기를 기원합니다.

봄학기 서울대학교 디자인스튜디오 시간강사

이민구

차례

머리말 … 4

추천사 … 7

1_ 예중 그리고 선화예술학교

선화예술학교 소개 … 14

선화예중 입시 … 18

예중 입시 Q&A … 25

선화예중 학년별 수업 … 28

선화예중 미술부 행사 … 54

선화예중 학교생활 에피소드 … 57

예중 더 보기 … 60

2_ 예고 그리고 선화예술고등학교

선화예술고등학교 소개 … 62

선화예고 입시 … 69

예고 입시 Q&A … 72

선화예고 학년별 수업 … 75

선화예고 미술부 행사 … 91

선화예고 학교생활 에피소드 … 97

예고 더 보기 … 100

3_미대 그리고 홍익대학교

홍익대학교 미대 소개 … 102

홍대 미대 입시 … 111

홍대 미대 수업 & 등록금과 장학금 … 136

홍대 미대 행사 … 144

홍대 미대 학교생활 에피소드 … 146

미대 지망생을 위한 추천도서 … 148

4_미대 그리고 서울대학교

서울대학교 미대 소개 … 152

서울대 미대 입시 … 162

서울대 미대 수업 & 등록금과 장학금 … 185

서울대 미대 행사 … 193

서울대 미대 학교생활 에피소드 … 195

포트폴리오 만들기 … 203

5_ 세계 미술여행

우리나라 … 206

이탈리아 … 210

프랑스 … 218

영국 … 234

오스트리아 … 241

미국 … 246

중국 … 266

미술 재료 살펴보기 … 282

1

예중 그리고
선화예술학교

선화예술학교 소개

- 위치: 서울특별시 광진구 천호대로 664

  (지하철 5호선 아차산역 4번 출구 선화예술중고교 방면)

- 학생 수: 미술부 학년별 100~120명

- 상징: 느티나무, 장미

- 설립: 1962년 창단된 리틀엔젤스 예술단을 모태로 1974년 개교

정문 바로 앞에 위치한 유니버설아트센터. 조형적으로 매우 아름답게 느껴진다.

미술부와 학과 교실을 이어주는 구름다리. 급식 먹으러 뛰어가는 곳이기도 하다.
여기서 미전도 열린다.

구름다리에서 바라본 솔거관. 왼쪽 하단의 조소 작품과
급식실 아저씨가 급식차를 끌고 가는 모습이 보인다.

정문 앞에 놓인 탑과 종합안내도 표지판이다.

'이 문은 세계로 통한다''천상의 예술로 세상을 아름답게'란 문구가 보인다.

선화예중 입시

입시 생활

아직도 생생하다. 초등학교 6학년 초, 막연한 꿈을 갖고 간 미술학원에서 어떤 생활을 했는지. 다시는 돌아가고 싶지도 생각하고 싶지도 않다. 합격만을 바라보고 그것 외에는 아무것도 없는 줄 알았던 시기였다. 욕심만 앞섰고, 누구보다 열심히 노력했고, 잘하고 싶었다. 당시에는 아직 어리고 그것밖에 몰랐으니 지금 생각하면 불쌍하다.

미술학원에서 가장 먼저 배운 것은 선 긋기였다. 4B연필로 본격적인 그림을 그리기 전에 손부터 푸는 것이다.

4절지에 길고 짧은 선을 여러 번 능숙하게 긋는 연습을 마치면 명암을 배운다. 가장 진한 색부터 가장 옅은 색까지 '톤 단계'를 내야 한다. 이것이 익숙해지면 본격적으로 입체감 있는 육면체를 그린다. 육면체를 통해 기초적인 명암과 입체를 익히면 기초도형 그리기 수업이 진행된다. 석고로 만든 구, 원기둥, 원뿔 등을 직접 보고 그린다.

이 과정을 무수히 반복해야만 비로소 본격적인 입시 정물화를 시작할 수 있게 된다. 처음 시작할 때는 주로 사과, 벽돌, 캔과 같은 정물 개체를 그리는데, 나중에는 보지 않고 그릴 만큼 익숙해진다. 이때 질감 묘사를 처음 배웠다. 사과 껍질의 반짝이는 부분, 벽돌의 조금 깨진 곳, 캔의 상표 등을 연필로 묘사한 기억이 생생하다. 명암과 질감이 익숙해질 무렵 한 단계 어려운 정물을 그리게 된다. 예를 들어 촘촘한 바구니에 담긴 사과 여러 개, 물통 속에 떠 있는 꽃, 파인애플과 배드민턴 채 등이다.

연필이라는 재료가 익숙해질 때쯤 탄탄한 기본기를 바탕으로 여러 정물을 화면 하나에 담아 그린다. 이때 근경, 중경, 원경. 배경을 어떻게 처리하느냐에 관한 구도를 처음 배운다.

입시 정물화의 구도를 배운 후에는 매일 시간 내에 정물화를 완성시키는 연습을 했다. 주어진 4시간 안에 최대한 실력을 증명해야 하기 때문이다. 그림의 완성도를 높이려면 적절한 시간 분배가 필요하다.

당시 학원에서는 시험이 시작하고 1시간 내에 스케치를 끝내라고 가르쳐줬다. 스케치가 끝나면 배경을 칠한다. 이 말은 곧 연필을 길게 잡고 힘을 뺀 후 중경과 원경에 옅은 선을 반복해서 그리라는 뜻이다. 선생님 말씀에 따라 3번 정도 배경을 칠해 공간감을 대충 내고 명암을 칠한다. 정물소묘의 핵심은 주어진 짧은 시간 내에 얼마나 많이 선을 긋는 것인지 보는 것이라고 말해도 무방할 만큼 선 쌓기가 중요하다.

그다음에는 물체의 색감을 표현한다. 쉽게 설명하자면 색감은 정물을 흑백사진으로 찍었을 때 진해 보이는 부분을 칠하는 것이다. 예를 들어 장구의 몸통 부분과 사과는 유리잔에 비해 상대적으로 색이 진하므로, 연필로 그 부분 전체를 한 번 깔아주어야 한다. 여기까지가 시험 시작 후 대략 2시간이 지났을 때이다.

그 후로는 정물의 양감을 계속 유지하면서 묘사를 시작한다. 질감묘사라고도 하는데, 정물대 위의 정물을 사랑스러운 눈으로 바라보며 각자의 특징과 개성을 드러내는 과정이다. 간혹 정물에 몰입한 나머지 묘사로 양감을 깨트리는 경우가 있기 때문에 조심해야 한다. 사물의 밝은 부분을 진한 선으로 묘사한다면 분명 전체적인 입체감에 타격을 줄 것이다.

긴장하여 시간이 촉박하거나 부족할 때는 선택과 집중이 필요하다. 묘사할 곳과 과감히 포기할 부분을 정해놓으면 훨씬 편하다. 시험 시간 끝나기 마지막 30분이 다가오면 전체적으로 그림을 다시 건드려야 한다. 공간감이 잘 나오도록 배경에 신경 써주고 전체적으로 부족한 부분을 빨리 수정해준다.

이제 채화를 살펴보자. 내가 시험 볼 때는 인물 상상화였지만, 지금은 입시전형이 조금 바뀌었다. 자세한 것은 홈페이지와 미술 선생님을 통해 알아보길 권한다.

채화시험을 준비하기 위해 가장 먼저 한 일은 팔레트에 물감 굳히기였다. 학원에서 단체 주문한 마젤란 방탄팔레트에 수채화물감을 색깔별로 나누어 짰다. 그때 처음 홀베인물감을 써보았다. 그전에는 문구점에서 파는 둘리 캐릭터 물감을 썼는데, 미술학원에서는 다들 전문가용 물감을 사용했다. 확실히 색이 다르게 느껴졌다. 색이름도 달랐다. 울트라마린딥, 오페라, 레몬옐로 등 한결같이 고급스러웠다. 학원 선생님과 학생 모두 '올리브그린과 반다이크브라운을 섞어서 칠해'와 같은 말을 아무렇지 않게 사용해서, 이름 외우는 데에도 상당한 시간이 필요했다.

수채화 때 가장 중요한 것은 물 조절이라고 해도 과언이 아니다. 물을 많이 쓰냐 적게 쓰냐에 따라 다른 그림이 되기 때문이다. 1가지 색을 물만 사용해 여러 단계로 나누는 연습을 했다. 처음 수채화를 할 때는 빨간 사과를 보면 빨간 물감으로 사과를 전부 칠했다. 시간이 지나자 같은 빨강이지만 그 안에서도 여러 색을 나타내게 되었다. 색감 변화에 익숙해지면 수채화에서도 소묘와 마찬가지로 명암을 통한 입체감과 공간감을 나타내야 했다.

당시 나는 '수채화로 소묘를 한다'는 마음가짐으로 그림에 임했지만 정말로 어려웠다. 그림자 표현을 위해 여러 색을 섞어 만든 밑

바탕색이 지나치게 탁해 보이거나 더러워 보였던 기억이 난다. 선배들 수채화시험 작품을 카피해보는 수업도 있었는데 어설픈 실력으로 겨우겨우 따라갔다. 이렇게 6개월간의 우여곡절 끝에 조금이나마 수채화에 대한 감을 잡게 되었다. 물감 섞는 것조차 어색했던 처음에 비하면 많은 발전을 한 셈이다.

입학시험

눈뜨자마자 미술학원에 가서 밤늦게 귀가하는 게 익숙해지고 지겨워질 무렵, 예중 입시를 치르게 됐다. 전날까지 열심히 그림을 연습하고 아침 일찍 중학교 입시장에 도착했는데, 이미 많은 사람들이 모여 있었다. 아직 앳된 얼굴의 초등학생들이 바짝 긴장한 채 머릿속으로 지금까지 배운 그림을 총정리한다.

그렇게 4시간의 시험이 끝나면 개운하면서도 찜찜한 마음으로 다시 학원에 가서 재현작을 그린다. 합격할 경우 이 재현작은 학원 후배들을 위한 귀중한 자료가 되기 때문이다. 나 역시 입시 준비를 할 때 많은 재현작을 참고했다.

실기시험뿐 아니라 면접 준비도 따로 해야 한다. 미술학원을 제외한 다른 곳을 다닐 시간이 없었기에 교과서와 문제집을 열심히 보았다. 시험장에서 단답형으로 대답하는 방식인데, 우리 때는 문제풀이 시간을 10분 정도 주고, 선생님 2명이 학생 1명을 대상으로 면접을 진행하였다.

합격자 발표

지금까지 치른 모든 입시 중에서 예술중학교 입시가 가장 힘들었던 듯싶다. 준비하면서도 붙을 줄 몰랐기에 모두가 걱정했다. 가장 가까운 동네 미술학원에서 계속 실기를 했는데, 그때 같이 준비했던 친구들과 합격 직후에 다 함께 엉엉 울었다. 12~13살 아이들이 학원 실기실에 모여 매일 4시간씩 실기시험을 치르고 평가받는 모습은 참 안쓰러워 보인다. 부모님께서도 그때 건강 상태를 많이 걱정하셨다.

지금도 나는 예중 입시생만 보면 가슴이 뭉클하다. 좋아서 시작했지만 그 과정이 너무나 힘들고 스트레스가 쌓였기 때문이다. 겨우 초등학교 6학년이 입시를 준비하는 동안 머리카락이 뭉텅이로 빠지기도 했다.

이제 와 생각하면 별거 아닌데 당시에는 왜 그랬을까? 그래도 합격자 발표 때 탕수육을 먹다 말고 온 가족이 방방 뛰며 진심으로 축하해주었던 순간은 평생 잊지 못할 것이다.

입시 후

　입시 후에는 학원에서 '합격자 수업'이라는 예중 미술 교과과정 예습 수업을 들었다. 물론 꼭 들어야 하는 수업은 아니다. 내가 다녔던 학원에서는 이 수업을 통해 목탄, 콩테, 아크릴 등을 가르쳐주었다. 또 간단한 카메라 테크닉 및 포트폴리오 제작법도 터득하였는데 나중에 매우 유용했다.

　초등학교 졸업식 날 학교 담임선생님께 그동안 감사함의 표시로 멋진 초상화를 그려 드렸다. 예중 준비한다고 신경 써주시고 챙겨주신 선생님을 위해 일주일을 꼬박 그린 그림이다. 지금 보면 정말 못 그렸지만 당시 감사한 마음을 전할 수 있어 뜻깊었다.

예중 입시
Q&A

1. 언제부터 준비해야 할까?

일반적으로 초등학교 4~6학년에 예중 준비를 시작한다. 흔히들 입시는 변수가 많고 실력 못지않게 운이 중요하다고 한다. 그래서 4학년 때부터 준비해도 떨어질 수 있고, 약 3개월 전에 해도 붙을 수 있다. 그렇지만 학원에서는 그동안의 데이터를 통해 늦어도 6학년 초에는 준비하라고 추천한다. 또한 미술학원의 본격적 입시커리큘럼이 6학년부터 시작되므로 대부분 거기에 맞춘다.

2. 입시 준비에는 비용이 얼마나 들까?

입시 막바지에는 매일 학원에서 그림을 그렸는데, 이때 학원비가 꽤 많이 들어갔다. 미술학원비가 다른 사교육에 비해 비싸기도 하지만, 매일 12시간 정도를 학원에서 살면 상당한 금액이 나올 수밖에 없다. 그렇지만 학원 중에도 예중 입시만을 집중적으로 하는 비싼 학원이 있고 소규모로 운영해서 상대적으로 저렴한 학원이 있다. 입시경력이나 노하우를 잘 알아보고 선택하면 된다. 아예 학원에 다니지 않고 붙고자 한다면 그것도 좋은 방법이다. 아직 어린 나이인데 벌써부터 미술학원에서 입시미술 교육을 받느니, 차라리 스스로 그림 준비를 해보는 것도 좋다. 다만 이럴 경우 정보가 부족하고 그림에 대한 조언을 받기가 어렵다. 학교 미술 선생님이나 인터넷을 적극 활용하길 바란다.

3. 예중을 다니려면 얼마가 필요할까?

준비과정에서부터 학원비와 학교 등록금이 많이 들기 때문에 아무래도 부유한 집안 학생들이 많다. 전공 특성상 미술은 재료, 음악은 악기, 무용은 레슨에 돈이 많이 들기 때문이다. 그러나 부자는 아니지만 교육열이 높거나 그림에 대한 의지가 확고한 학생들도 많이 지원한다. 예중에 부잣집 자녀들이 많은 건 사실이지만 그들만 다니는 것은 아니다. 학교 등록금을 낼 정도의 수준이면 누구나 다닐 수 있고 같이 어울리며 즐거운 학교생활을 할 수 있다.

4. 그림을 얼마나 잘 그려야 예중에 붙을까?

초등학생이 잘 그리면 얼마나 잘 그릴까 싶지만, 예중 입시생은 진짜 잘 그린다. 입시 막바지가 되면 거의 그림기계가 된 것처럼 매일 그림만 그리니 놀라울 정도로 잘 그릴 수밖에 없다. 학생들은 10대 초반만의 섬세한 감수성으로 무수한 연습을 통해 예술가로서의 기본기를 닦는다. 보통은 초등학교 때 반에서 제일 그림을 잘 그린다고 소문난 아이들이 선생님의 격려를 받고 예중 준비를 시작한다. 이런 아이들을 모아놓은 시험이므로, 그냥 어지간히 잘 그려서는 붙기 어렵다. 예중을 꼭 가고자 하는 목적의식과 그림에 대한 열정이 필요하다. 작은 실수 하나로도 떨어질 수 있으니 연습은 많이 할수록 유리하다.

5. 예중 학생은 무조건 예고에 붙는다?

예중생의 60~90퍼센트가 붙을 정도로 많이 진학하는 건 사실이나, 시험장에서 실수하거나 내신 성적이 안 나와 떨어지는 경우도 있다. 그렇지만 예중 내 커리큘럼에 따라 열심히만 한다면 미술학원을 다니지 않고도 충분히 합격 가능하다. 간혹 예중에서 예고로 진학하지 않고 외고에 가거나 유학을 가는 학생도 있는데, 이는 예외적이라 할 수 있다.

선화예중 학년별 수업

학과 수업

학과 교과과정은 일반 중학교와 마찬가지로 국어, 수학, 사회, 영어, 과학 등 비슷하게 구성되어 있다.

1학년

중학교 1학년 때는 미술부, 무용부, 음악부가 섞인 학과 수업이 진행되었다. 그래서 1학년 교실에 들어가면 분위기가 매우 독특하다. 피아노, 바이올린, 첼로, 오보에, 트럼펫, 색소폰 등 각종 악기부터 발레, 한국무용, 미술까지 다양한 전공의 학생들이 1년간 같은 교실에서 같은 수업을 듣는다. 우리 때는 일본 학생도 2명 있었는데 다들 친했다.

2학년, 3학년

예중 1학년 때 자주 사용한 신발장이 있는 공간이다.

예중 1학년 교실 복도이다.

갓 리모델링을 끝낸 1학년 학과 교실이다.

입학식이 끝나고 처음 들어간 1학년 교실. 다들 긴장한 모습이다.

2학년 때부터는 전공별 수업이 진행된다. 1, 2반은 미술부, 3반은 무용부, 4, 5, 6, 7반은 음악부로 총 7개 반으로 나뉜다. 전공실기 시간이 다르기 때문에 학과 시간도 전공별로 나뉘는 것 같다.

　최근에는 미술부 학생은 음악과 무용 수업을 수강하고, 다른 전공 학생들은 미술 수업을 수강하는 '예술융합수업'이 새로 생겼다고 들었다.

예중 2학년 미술부 신발장이다.

예중 2학년 교실 복도이다.

2학년 때 예중 학과 교실. 지금은 리모델링 이후 많이 변했을 것이다.

실기 수업

　예술중학교의 커리큘럼은 크게 학과와 실기로 나뉜다. 학과 수업의 경우 미술부 2개 반(1, 2반)이 있고, 실기 수업의 경우 1조당 약 10명씩 총 12조의 소그룹으로 나뉜다.

　선화예술학교 미술부의 커리큘럼을 알아보자. 매년 커리큘럼이 조금씩 발전되고 명칭도 바뀌지만 기본적인 것은 비슷해 보인다. 시대의 변화에 맞추어 몇 가지 새로운 수업이 생겼지만, 여기서는 내가 학교 다닐 때를 기준으로 설명하였다.

예중 미술부 앞 사물함과 조형실이 보인다.

미술부가 위치한 솔거관 입구이다.

미술부와 학과 교실을 이어주는 구름다리이다.

1학년

1학년 실기 시간에는 소묘, 채화, 드로잉, 디지털아트, 디자인, 동양화, 판화 등과 같은 수업이 진행된다.

1학년 교실 앞 사물함. 이곳에 미술 재료를 넣어둔다.

• 소묘1

소묘 수업에서는 펜, 연필, 붓펜, 목탄, 콩테 등을 사용한다.

첫 소묘 시간에는 4절지에 연필로 정물화를 그렸다. 정물소묘 다음에는 펜으로 그림을 그렸다. 펜은 연필과 달리 선이 가늘고 지워지지 않아 집중하지 않으면 금세 엉망진창이 된다. 각자 그리고 싶은 사진 자료를 가져왔는데, 나는 좀 복잡해 보이는 건축물 자료를 가져갔다.

　펜화를 끝낸 후에는 붓펜으로 4절지에 나무 그리는 수업을 했다. 처음 써보는 재료라 익숙하지 않았지만 금세 붓펜의 매력에 빠지게 되었다. 내 손의 힘에 따라 굵고 가늘어지는 붓펜이 매우 아름다운 재료라는 생각이 들었다. 이때는 개인용 야외이젤을 하나씩 준비해서 밖에다 설치하고 직접 나무를 관찰하며 그렸다.

　그런 다음에는 색연필로 동물을 그렸다. 동물을 비교적 많이 그려보지 못한 까닭에 학교에서 자유주제로 수업을 할 때마다 항상 동물을 그리며 연습을 했다.

예중 소묘 실기실이다.

2학기 첫 소묘 수업에서는 친구끼리 서로를 그려주는 시간을 가졌다. 친구들끼리 자꾸 움직이고 장난쳐서 그리기가 어려웠지만, 다들 똑같이 그려내는 것이 신기했다.

2학기가 끝나갈 무렵에는 사람 표정 그리는 연습을 하고자 다들 표정과 관련된 자료를 준비해왔다. 나는 연필로 우는 아기를 묘사했다. 무표정한 얼굴 표현도 어려웠기 때문에 우는 것을 그리는 것은 더더욱 어렵게 느껴졌다. 화난 표정, 미친 듯이 웃는 표정, 슬픈 표정, 졸린 표정 등을 그려봄으로써 감정과 얼굴에 대해 배울 수 있던 시간이었다.

• 소묘2

지금은 '소묘2'라는 명칭이 사라지고 '창의적 표현'이라는 과목으로 바뀐 듯하다. 하지만 예전에는 소묘1과 소묘2 수업이 있었다.

첫날 수업에는 가벼운 마음으로 4절지에 정물소묘를 했다. 많이 부족해 보였는지 선생님께서 그림 속 사과를 봐주셨는데, 몇 번의 터치 후 튀어나올 것처럼 사실적인 사과로 변신해서 놀랐던 기억이 난다.

그 후 콩테를 이용한 정물화와 풍경화 수업이 진행되었다. 콩테는 사용한 뒤 문질러야만 종이에 잘 붙는다. 그러다 보니 손이 검정색 가루투성이가 된다. 게다가 얼굴을 종이에 바짝 대고 묘사를 할 때면 코에 검정색 가루가 잔뜩 들어간다.

1학년 소묘 시간 풍경이다.

2학기 수업 첫날에는 학생들끼리 돌아가며 서로를 크로키하는 시간을 가졌다. 1사람당 20분씩 가운데서 포즈를 잡으면 모두가 집중하여 그림을 그렸다. 처음에는 시간도 부족하고 완성도 못 했지만, 계속하다 보니 노하우가 생겼다.

• 채화1

채화 수업 시간에는 수채화, 데칼코마니, 마블링물감, 왁스와 촛농 등을 활용하여 다양한 채화를 배웠다. 처음에는 수채화 뿌리기 기법을 사용해 불꽃놀이 장면을 묘사했다.

예중 조형실. 흰색과 초록색 타일이 인상적인 이곳에서 채화 수업을 했다.

또 흰 종이에 양초로 밑그림을 그린 후 수채화로 칠하는 수업도 인상 깊었다. 수채화와 섞이지 않는 듯 초로 그린 부분만 하얗게 남았는데, 흰 종이 위에서는 초가 안 보여 제대로 된 형태를 잡기 어려웠다. 보이지 않는 밑그림 위에 색을 칠하는 것은 마치 눈을 감고 그림을 그리는 것 같은 기분이었다.

1학년 채화 수업 때 가장 기억에 남는 건 마블링이었다. 물과 기름이 서로 섞이지 않는 성질을 이용하는 것으로, 마블링물감을 물통에 떨어뜨리고 종이를 담갔다가 찍어내는 방법이다. 알록달록 색깔에 따라 다양한 효과가 난다.

종이 위에 물감을 바르고 다른 종이를 겹친 후 떼어내면서 효과를 얻는 데칼코마니도 시도하였다. 우연에 기대어 환상적인 효과를 낼 수 있었다. 어릴 적 해보았던 데칼코마니와는 사뭇 느낌이 달랐다. 무언가 더 전문적인 결과물이 나왔다.

• 채화2

현재는 채화1과 채화2로 나누지 않고 하나로 진행된다고 한다.

수채화로 항아리, 콜라병, 사과 등 간단한 정물화를 그린 후 학교 풍경을 위주로 그리는 수업이 진행되었다. 당시 1학년 실기고사 문

예중 실기실. 채화 수업을 위해 물 뜨는 공간이 마련되어 있다.

제가 학교 풍경 그리기였다. 실기고사는 수업 시간에 해본 것 가운데 출제되기 때문에 평소 실기 시간에 열심히 참여하면 따로 준비할 필요가 없다.

10호 크기 캔버스에 아크릴로 반 고흐의 그림을 카피한 수업도 흥미로웠다. 각자 그리고 싶은 작품자료를 보고 카피하는 수업이었는데, 나는 〈씨 뿌리는 사람〉을 선택했다. 그다음 시간에는 아크릴 정물화 수업이 진행되었다. 색감변화와 공간감 등을 어떻게 표현할지 막막했지만, 처음 시도하는 거라 부담 없이 접근하고자 했다.

• 디지털아트

디지털아트는 예술중학교 1학년 때 가장 인상 깊었던 수업 중 하나이다. 주 1회 2시간으로 컴퓨터를 이용해 수업한다. 계속 손으로만 그리다가 처음으로 마우스와 태블릿펜을 사용해봤는데, 어색하고 어려워서 꽤 고생했다. 마지막에는 간단하게 컴퓨터로 제작한 각자의 작품을 전시한다.

• 디자인

디자인 시간에 도예를 배운 적이 있는데 정말 재미있었다. 우리 학교에는 진짜 가마가 있어서 직접 도자기를 굽기도 했다. 물레를 돌리거나 손으로 주물럭거리며 작은 도자기를 만들었다. 또 공모전에 출품할 포스터를 만들어보는 수업도 있었다. 그때 제작한 포스

지하 디자인 실기실. 도자기 수업이 이루어지는 공간이다.

터로 KIDP(한국디자인진흥원) 공모전에서 입선했는데, 다른 학생들도
여럿이 상을 받았다.

• 동양화

동양화 시간에는 먹 갈기, 중봉으로 선 연습하기, 난초와 대나무
치는 법 등 기초적인 내용을 배웠다. 114×69센티미터의 연꽃 작품
1점을 미전에 출품했는데, 매일 밤 11시까지 학교 실기실에 남아서
그림을 그렸다. 처음 그려보는 동양화였기 때문에 선생님이 정말 많
이 도와주셨다. 선생님께서 많이 도와주신 그림답게 미전에서는 많

예중 동양화실이다.

은 인기를 얻었지만, 그럴 때마다 양심에 찔려서 아무 말도 할 수 없었다.

• 판화

판화의 특징과 종류를 배우고 직접 판화작품을 제작해보는 시간을 가진다. 실크스크린으로 힘들게 완성한 결과물을 들고 기뻐했던 기억이 아직도 떠오른다. 아기 고릴라를 안고 있는 덩치 큰 고릴라

사진을 똑같이 그렸는데, 알록달록 예쁜 색감의 작품이 탄생하였다.

2학년

2학년 실기 시간에는 소묘, 채화, 드로잉, 입체, 디자인, 이론 등과 같은 수업이 진행된다.

• 소묘1

첫째 날은 색연필과 연필을 이용해 학교 풍경을 그렸다. 오랜만의 야외수업이라 신나게 그렸던 추억이 떠오른다. 그다음에는 교실에서

예중 실기실. 교실 하나에 약 12명 정도의 학생이다.

인물 사진 자료를 가지고 수업이 진행되었다. 각자 재미난 인물 사진을 들고 왔는데, 나는 딸기를 먹고 있는 아빠와 동생을 그렸다. 인물 그리기 수업 이후에는 친구 초상화 그리기와 정물소묘를 하였다.

그리고 기대 반 걱정 반이었던 석고 수업이 진행되었다. 태어나서 처음으로 석고 데생을 해보았다. 아그리파를 그렸는데 무척 어려웠다. 게다가 실기고사에도 석고가 나왔는데, 나는 제대로 완성하지도 못했다. 지금까지 받은 등수 중 최악이었다. 석고로 입시를 한다면 정말 힘들었을 것이다.

2학년 소묘 시간. 정물석고 수업 현장이다.

• 소묘2

지금은 '드로잉'이라는 과목으로 새롭게 바뀐 것 같지만, 당시에는 1학년 때와 마찬가지로 '소묘1' '소묘2'로 나뉘었다. 첫째 날은 자유로운 주제로 파스텔 그림을 그렸고, 그다음 수업에서는 붓펜을 사용했다.

네거티브로 정물화를 그려보는 수업도 있었다. 밝은 부분을 어둡게 칠하고 어두운 부분을 밝게 그려야 했다. 그림을 그리는 동안 매우 헷갈렸다. 어디를 밝게 놔두어야 하고 얼마만큼 밝아야 하는지 감이 안 잡혔다. 선생님께서는 그럴 때 '카메라 네거티브 효과를 생각하면 쉽다'고 하셨다. 그다음 수업에서도 비슷하게 검은 도화지에 분필로 정물화를 그리는 수업이 진행되었다. 항상 흰 종이에 검은 연필로 그린 탓인지 반대로 하는 것이 낯설었다. 흰 종이에서는 연필로 어두운 부분을 잡아 칠했다면, 검은 종이에서는 분필로 밝은 부분을 잡아야 했다. 밝은 부분 묘사가 너무 어려웠다.

가장 인상 깊었던 것은 '음악 감상 후 느낌을 표현하는 수업'이었다. 이때 처음 추상화 수업이 진행되었다. 무엇이든 우리가 인지할 수 있는 구체적인 사물을 그리면 안 된다고 했지만 처음에는 손이 따르지 않고 음악을 들으며 자꾸만 형체를 묘사하려 했다. 다행히 나중에는 구체적 형태를 떠나 자유롭게 점, 선, 면 등을 쓰는 것을 즐기게 되었다.

• 채화

2학년 1번째 채화 수업에서는 정물화를, 그다음은 풍경화를, 다음

2학년 채화 시간에 스케치한 그림이다.

2학년 채화 수업을 했던 교실. 쉬는 시간에 찍었다.

다음은 인물화를 그렸다. 그날은 평소에 매일같이 사용하던 4절 켄트지가 아닌 와트만지를 썼다. 같은 수채화지만 확연히 다른 느낌이 났다.

실내 풍경을 2번 정도 더 그린 후 야외 풍경을 그리기 시작했다. 이젤과 의자를 들고 밖으로 나가 자유롭게 그림을 그리면 된다. 선생님은 이리저리 돌아다니시며 조언을 해주신다.

2학기에는 정물화 카피 수업이 있었다. 마음에 드는 정물화 그림을 보고 똑같이 따라 그리는 시간인데, 나는 얀 다비츠존 더 헤임의 〈바닷가재가 있는 정물〉을 골랐다. 유화로 그린 정물화를 수채화로 카피하려니 쉽지 않았다. 작품 완성 후에는 평소 그리던 정물화와는 다른 느낌이 나서 매우 놀랐던 기억이 난다.

이제는 수채화로 구, 원기둥, 사각기둥을 연습하는 차례이다. 이러한 기초정물이 갑자기 어렵게 느껴졌다. 쉬우면 쉬울수록 밀도 있게 완성하기가 힘들어져서, 차라리 아주 정교한 새장이나 반짝이는 유리잔 묘사가 쉽겠다는 생각이 들었다.

2학년 2학기 마지막 채화 시간에는 5~6시간에 걸쳐 정물화를 그렸다. 포트폴리오를 정리하면서 확실히 예전에 비해 테크닉이 발전했다는 걸 느낄 수 있었다.

• 입체

학교 내 입체실에서 수업이 이루어진다. 입체 시간에는 재활용품

교내 지하에 위치한 입체실 풍경이다.

을 활용한 작품, 셀로판지와 호스, 고무찰흙과 이쑤시개, 골판지 등 자유로운 재료를 활용해 작품을 만든다.

처음 수업에서는 하드보드지, 골판지, 한지 등을 이용한 입체작품을 제작했다. 그다음에는 고무찰흙과 이쑤시개를 이용하였다. 고무찰흙은 초등학교 때 이후 처음 만져봤지만 다행히도 매우 익숙했다. 호스를 둥글게 만든 후 그 위에 밀가루 풀로 셀로판지를 붙여 작품을 만들어보기도 하였다.

• 디자인

디자인실에는 이젤과 화판이 없는 대신 책상과 의자가 있다.

1학기에는 주로 포스터공모전을 준비했다. 상을 탄 적도 있지만 떨어진 경험이 더 많았다.

2학기에는 달력, 명함, 모자 등을 직접 디자인해보는 수업을 했다. 일인당 달력을 하나씩 만드는 것이 아니라 1~12월 중 하나를 선택해 제작하는 형식이었다. 학생들의 결과물을 합한 후 달력으로 만드는데, 지금도 소장하고 있을 만큼 완성도가 높았다. 명함은 스케치북에 5×9센티미터 크기로 디자인을 한 뒤 단체 주문제작에 들어간다. 모자 디자인은 원하는 대로 모자가 나오지 않아 아쉬웠다. 어떻게 해야 할지 몰라서 흰 모자에 솜을 붙이고 초밥집에서 나오는 우산 모형으로 장식했는데, 기대보다 별로였다.

• 이론

이론 시간에는 재료부터 현대작가까지 다양한 미술이론을 익힌다. 이때 '나의 그림이야기'와 '자신이 좋아하는 화가의 입장에서 편지 쓰기'와 같은 숙제도 제출했다. 미술부 실기실이 아닌 학과 수업 교실에서 진행했는데, 그때 틀어주셨던 비외르크의 〈All is full of love〉 뮤직비디오가 아직도 기억에 남는다.

3학년

• 예고 입시 준비

3학년이 시작되기 전, 중2 겨울방학을 마친 후에 실기반 배치고사를 본다. 학생들의 그림 실력을 고려하여 골고루 반 편성을 한 후 본격적인 입시 준비를 시작하기 위함이다. 그래서 1, 2학년 때의 디지털아트, 디자인, 동양화, 판화, 입체, 이론 등의 수업은 사라지고 예고 입학시험을 위한 소묘, 채화 수업이 이루어진다. 예고 입시가 가까워질수록 실기 모의고사를 더 자주 치르며 매일 늦은 밤까지 실기를 한다. 이때는 정말 엄청난 양의 실기를 한다. 3학년 때는 거의 매일 실기시험과 시험작 평가가 있었다.

예중 실기실 풍경. 3학년이 되면
이런 실기실에서 매번 실기 모의고사를 본다.

• **소묘와 채화**

　예고 입학시험에 맞추어 수업이 진행된다. 방과 후 실기를 통해 다들 열심히 그림을 그린다. 모두가 학교에서 저녁을 해결할 정도로 늦게까지 남아서 입시를 준비했다.

　3학년 2학기에는 그림기계가 된 것처럼 저절로 손이 움직였다. 호박, 화분, 배추, 장미, 해바라기, 페트병, 과자봉지, 노끈, 국자, 인형, 컵라면, 통나무, 선풍기 등 안 그려본 게 없을 정도였다. 입시에서는 테크닉, 밀도가 매우 중요하다. 선생님께서는 매번 공간감, 선의 강약 조절 등을 신경 쓰면서 그리라고 하셨다. 아직도 그때를 생각하

실기실 풍경이다.

면 매일 보았던 지겨운 실기시험만 떠오른다.

• 예고 입시

같은 학교에서 시험 보기 때문에 비교적 편한 마음으로 갈 수 있었다. 또한 시험장의 지원자들이 대부분 같은 학교 친구들이어서 마음이 놓였다. 그렇지만 꼭 붙어야 하므로 긴장감을 놓을 수는 없었다. 불안함과 호기심에 계속 두리번거리다가 감독관의 눈에 띄어 제지받은 적도 있다.

휴대전화는 절대 가져가지 말길 바란다. 당시 휴대전화를 모르고 소지하고 있던 3년 내내 학교 실기 우수상을 받은 친구의 옷에서 벨소리가 울리는 바람에 바로 퇴실 조치를 당했다. 너무나 안타까운 상황이었다. 시험 도중에 우연히 휴대전화를 발견했다면, 당장 배터리를 분리해 쓰레기통이나 잘 보이지 않는 장소에 숨겨놓는 편이 좋다. 시험장 내부에서는 휴대전화 소지에 살벌하리만치 엄격하다.

시험은 4시간으로 이틀 연속 진행된다. 시험이 시작되면 평소 긴장하지 않던 학생들도 조용히 그림에 집중한다. 그동안의 입시 기간을 생각해주지도 않은 채 4시간이 금방 간다. 끝나면 시원섭섭한 마음에 발걸음이 좀처럼 떨어지지 않는다. 천천히 정리를 하고는 꼭 붙고 싶다는 생각으로 이젤에 그림을 두고는 나갔다.

선화예중 미술부 행사

• 1학년 과제전

예중에 들어가면 가장 먼저 신입생과제전이 열린다. 입학하기 전

솔거관 1층에 위치한 솔거갤러리 전경이다.

방학 동안 그린 작품 2점을 내는 동시에, 입학 실기시험 우수작을 전시하는 형식이다. 대부분의 학생들이 처음 해보는 전시이니만큼 무척 공들여 작품을 준비한다. 그리고 전시 기간 동안 서로의 그림을 보며 자극을 받고 작품과 교감하는 시간을 가진다.

• 1학년, 2학년 선화미전

미전은 미술부의 가장 큰 행사 중 하나이다. 학생들이 심혈을 기울여 만든 작품을 전시하는 일종의 축제로, 2학기 시작과 동시에 바로 열린다. 그렇기 때문에 학교에서는 여름방학에도 전시를 목적으로 한 실기 수업이 진행된다.

미전 과정을 대략적으로 살펴보자. 우선 아이디어 스케치를 통해

솔거관 건물에 선화미전 포스터가 걸려 있다.

작품을 구상한다. 지도 선생님과 상의 후 수업 시간을 통해 실기실에서 자신의 작품을 제작한다. 작품제작 중간에 1, 2차에 걸친 미전 심사가 미술부에서 진행된다. 크리틱을 통해 작품을 발전시켜 완성시킨 후에는 미전도록에 올릴 사진을 찍는다. 작품명, 재료, 크기, 이름, 날짜 등을 기록하고 미술부에 제출하면 도록에 같이 실린다. 그 후 액자를 맞추고 학교 내 솔거갤러리에서 전시를 준비한다. 학생들의 작품은 크기와 주제 등을 고려해 적절히 배치된다. 오픈식 날에는 교장선생님, 미술부장, 선생님들과 학생들이 모여 간단한 다과와 함께 커팅을 한다.

• 미술부 유럽 문화예술 탐방

미술부 실기 선생님 몇 분과 함께 유럽을 돌아보는 프로그램이다. 원하는 학생들만 가는 2학년 여름 프로그램으로, 나는 참여하지 않았다. 다녀온 친구들 말로는 지베르니에 있는 모네의 정원과 파리의 루브르박물관이 가장 인상적이었다고 한다.

• 3학년 졸업미전

3학년의 경우는 여름방학에 미전 준비를 하지 않고 입시가 끝난 후 실기 수업 때 졸업미전을 준비한다. 입시 결과로 싱숭생숭한 분위기 속에서 학생들은 중학교 마지막 공식적인 미전을 준비한다.

선화예중
학교생활 에피소드

• 리틀엔젤스회관 공연 관람

리틀엔젤스회관은 입학식, 졸업식, 연주회, 무용제 등 학교의 중요한 행사가 개최되는 장소이다. 간혹 유니버셜발레단의 공연도 관람할 기회가 생긴다.

선화예술중학교는 크게 미술부, 무용부, 음악부로 나뉘어 있다. 미술부의 대표행사를 미전이라 한다면, 무용부와 음악부의 대표행사는 무용제나 음악부 연주회 등인데, 2학년 때까지는 거의 필수적으로 관람해야 한다.

단체로 관현악정기연주회를 볼 때 미술부에서 학생들에게 크로키를 시킨 적이 있다. 물론 매번은 아니고 1번 정도 그랬던 것 같은데 무척 인상적이었다. 연주자 몸짓 하나에 집중하며 다 같이 빠른 드로잉을 하느라 연필 소리가 공연장을 가득 채웠다.

• 비교내신

예중 3학년 때는 비교내신이라는 것을 본다. 지금은 바뀌었는지 모르지만 이때만 해도 비교내신은 무척 골칫거리였다. 마치 수능과 같아서 이 시험 1번으로 나의 중학교 내신이 결정되는 것이다. 평소 내신을 챙긴 것과 상관없이 오직 이 시험이 나의 내신등급을 결정한다. 그동안의 내신 성적이 무용지물로 바뀌는 순간이다.

내신은 예고 입시에서 중요한 영향을 끼치기 때문에 결코 만만하게 볼 수 없었다. 그래서 내신 발표가 난 날은 학교 전체에 희비가 교차한다. 만족스럽지 못한 내신 등급으로 교실은 울음바다가 된다. 평소보다 내신이 잘 나와 기세등등해진 학생들도 보인다. 입시가 끝

리틀엔젤스회관. 각종 공식행사가 진행되는 곳이다.

난 것은 아니지만 내신으로 인해 이미 입시 결과가 발표된 것 같은 분위기가 한동안 지속되었다.

• 생활영어 수업

중학교 1학년 때 '생활영어'란 과목이 있었다. 〈프렌즈〉〈길모어걸스〉〈가십걸〉 등 인기 있는 미국 드라마로 수업을 했다. 드라마 대사부터 실생활에 쓰이는 단어 외우기까지 재미있게 공부했다. 영어 실력을 높이는 데 상당히 효과적인 방법이었던 것 같다.

• 세계 음식의 날

1달에 1번, 주로 수요일에 있었다. 이날은 급식실에 만국기가 걸리고, 프랑스, 독일, 일본, 인도, 중국 등 매월 한 국가의 요리가 소개되었다. 인도 음식의 경우 난과 커리가 제공되는 식이다. 기대와 달리 아주 맛있지는 않았지만, 1달에 1번 새로운 음식을 먹어보는 재미를 느낄 수 있었다.

예중 더 보기

- **예원학교**

  - 위치: 서울특별시 중구 정동길 25

  - 입시: 시험에는 면접 6점, 출결 4점, 실기 100점 총 110점이 반영된다. 세부적으로 보면 수채화와 소묘가 각각 50점씩이며, 4절 켄트지에 3~4시간 동안 '보고 나타내기' 형식으로 이루어진다.

  - 수업: 국어, 영어, 수학, 사회, 체육 등 기본 교과와 소묘, 수채화 등의 전공교과로 나뉜다. 명칭은 다르지만 기본적으로 배우는 것은 다른 예술중학교들과 매우 비슷하다. 1학년, 2학년 때는 다양한 미술교육이 이루어지고, 3학년부터 예고 입시에 초점을 맞춘 미술 수업이 진행된다.

2

예고 그리고
선화예술고등학교

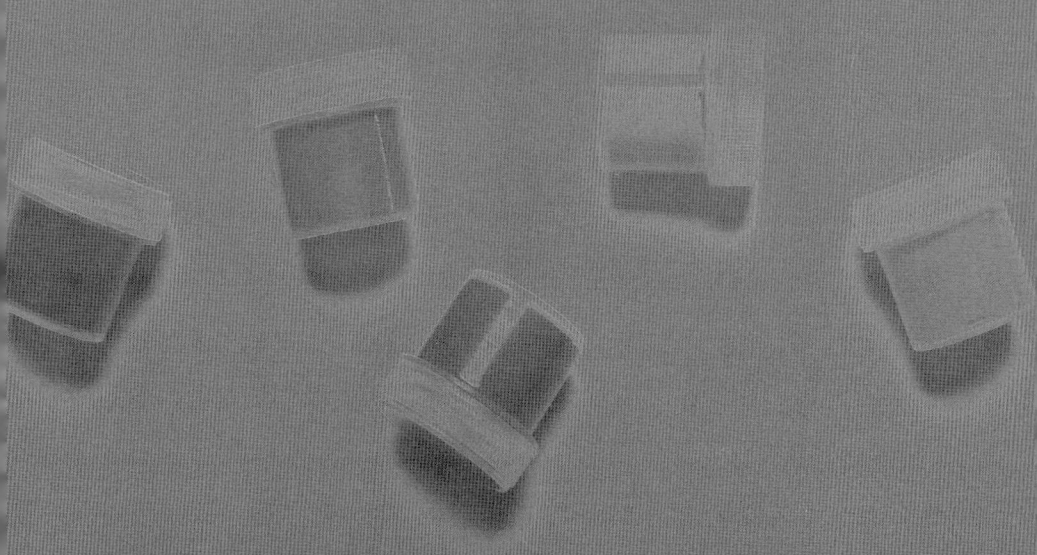

선화예술고등학교 소개

학교 건물. 계단 아래는 신발장 및 예중 교실 등이 있고,
계단을 올라가자마자 예중 교무실과 피아노실이 있다. 위층에는
구름다리가 위치하며 더 올라가면 예고 학과 교실이 있다.

솔거갤러리 내부이다.

학교 로비이다.

리틀엔젤스회관 졸업식 현장이다.

3학년 교실. 졸업식 모습이다.

예고 복도이다.

졸릴 때 서서 공부할 수 있는 책상이 마련되어 있다.

선화예고 교실 풍경이다.

예고 1학년 학과 교실 복도 풍경이다.

예고 학과동 4층과 5층 사이 계단이다.

예고 학과동 엘리베이터이다.

솔거갤러리이다.

미술부 사무실과 디자인실이 위치한 복도이다.

선화예고 입시

선화예고 입시는 내신이 40퍼센트, 실기가 60퍼센트 반영된다. 성적은 2학년 1학기부터 3학년 1학기까지가 반영된다. 실기고사는 정물소묘 3시간과 수채화 3시간으로 이루어진다. 각각 4절 켄트지에 3시간인데, 소묘와 수채화의 시험유형이 다르다. 대학입시의 변화에 따라 매해 조금씩 변동이 되므로, 반드시 인터넷에서 최신정보를 확인한다.

지금은 4절지에 3시간 시험이지만, 우리 때는 3절지에 4시간 시험이었다. 입시 기간에 켄트지 100장 정도를 구비해놓았는데 금방 동났던 기억이 떠오른다.

예중 입시 때보다는 노련해지기를 기대했건만 여전히 입시는 힘들었다. 입시하는 도중 유학을 떠나는 친구들이 부러웠다. 내신이 결정 난 뒤에는 하루 종일 눈을 뜨자마자 눈을 감기 바로 전까지 매일 그림만 그렸다.

예고 입시생의 여름방학 시간표는 아래와 같다. 일요일을 빼고는 매일 저렇게 방학을 보냈다.

아침 7시: 기상

오전 9시~1시: 소묘 모의고사

오후 1~2시: 점심시간

오후 2시~6시: 채화 모의고사

오후 6~7시: 저녁시간

오후 7시~10시: 모의고사 평가 및 개체연습, 부족한 부분 연습, 시험작 보충

밤 10시: 귀가

예고 소묘시험 정물로는 뚜껑 있는 양은냄비, 목장갑, 감, 붉은 노끈, 석고 구, 흰 천이 나왔다. 처음 보는 정물이라도 잘 그릴 수 있다는 자신감이 있어야 한다. 적어도 입시 기간엔 매일 10시간 이상씩 그림을 그렸으니 잘 그려야만 했다.

수채화의 경우 뚜껑 없는 양은냄비, 목장갑, 녹색 밧줄, 팔도비빔면이 나왔다. 지금은 입시전형이 바뀌었지만, 이때는 수채화시험 역시 정물화였고, 4절지에 4시간이었다. 소묘와 달리 수채화는 맑은 느낌을 위해 시간이 남아도 의미 없는 붓질을 하면 안 된다. 1시간 정도 스케치를 하고 난 뒤 어두운 배경색으로 빛과 어둠을 표현하였다. 그다음 물 조절을 해가며 색을 넣고 가느다란 세필로 정물 묘사를 했다. 배경 부분은 12~14호 붓으로 큼직하게 눌러주고 나머지는 6~8호 붓으로 묘사를 하거나 색을 채워 넣었다. 4절지라서 아주 큰 붓은 필요 없다.

다른 친구들도 나와 같은 식으로 입시를 했는지 궁금해서 나중에 물어봤더니, 예중 수업만 열심히 듣고 붙은 친구도 있고, 학교 미술 선생님 화실과 대형 미술학원을 함께 병행해 다닌 후 붙은 친구도 있었다. 한마디로 매우 다양했다. 입시에는 각자 다 다른 스토리가 있는 듯하다.

1. 언제부터 준비해야 할까?

예중을 다닐 경우 학교에서 그동안의 노하우를 가지고 예고 입시 커리큘럼을 진행하므로 걱정할 필요가 없다. 학교 미술 수업을 따라가면서 부족하면 방과 후 수업이나 미술학원을 통해 보충하면 된다. 일반 중학교를 다니는 경우 대부분이 미술학원을 통해서 입시를 하는데, 공부와 같이 병행하다 보면 힘들 때가 많다.

예고 준비는 빠르면 초등학교 5학년 때부터 미술학원을 다니며 여유롭게 준비하거나, 공부에 집중하다가 중학교 2학년 때부터 시작한다. 중학교 3학년부터는 미술학원에서 예고 입시를 위해 매일 실기시험을 치르고 평가하기 때문에 그전에 기초를 닦아놓는 것이 중요하다.

더러는 아예 학원에 가지 않고 취미로만 그리다가 예고 실기시험에 덜컥 합격한 경우도 있다. 걱정과 다르게 그런 친구들도 예고 미술 수업을 잘 따라간다. 즉 개인적 역량과 상황에 맞추어 평소 계속 그림을 그리면서 입시를 준비하면 된다.

2. 예중 출신은 예고에 다 붙는다?

예고 입시는 실기 실력을 평가하기 때문에 예중 출신이 유리한 것이 맞다. 예중 아이들은 거의 대부분 예고 진학을 위해 예중에 갔기 때문에, 예고에는 예중 출신 학생들이 많다.

예중 미술부 인원이 100명이고 예고 미술부 인원이 120명이라고 한다면, 예중 입장에서 사실 다 붙어야 하는 게 정상이겠지만, 실제로는 전원 합격한 적이 없다. 대개 예중의 60~90퍼센트만 붙고 나머지는 일반 중학교에서 그림을 잘 그리던 학생들이 붙는다.

3. 예고에서 미대 진학률은?

진학률 역시 각 예고 홈페이지에 자세히 공개되어 있다. 보통 미술부 120명 중 10명 정도가 서울대 미대에 합격하며, 대부분이 유명 미대에 진학한다. 서울예고의 경우 그 수가 월등히 많은데, 매해 입시유형에 따라 조금씩 다르다.

4. 예고면 무조건 서울대, 홍대, 이대는 깔고 간다?

반은 맞고 반은 틀리다. 물론 일반고보다 많은 학생들이 미대에 붙는 건 당연하다. 그러나 예고 내에도 상대평가를 적용하기 때문에 100퍼센트 다 대학에 진학하지는 못한다. 서울대, 홍대, 이대는 예고생 말고도 각지에서 준비하는 학생 수가 많다.

예전에는 대부분 미대에서 정물화나 석고시험과 같이 얼마나 연필과 물감을 능숙하게 잘 다루는지에 대한 평가를 했다. 그래서 예고에 다니며 실기를 많이 할 경우 미대 진학이 유리했다. 지금은 미대에서 얼마나 실기를 오래 했는지보다는 창의성을 중요 평가요소로 본다.

5. 예고에서는 내신 따기가 어렵다?

시험을 통해 그림을 잘 그린 학생들을 모아놓은 예고에서는 내신에 실기가 포함된다. 즉 일반고에서 산출하는 내신과는 조금 다르게 예고 내신에는 소묘, 서양화, 조소, 디자인, 한국화 등과 같은 실기 성적이 들어간다. 또한 다른 고등학교와 같이 1등급 4퍼센트 이내, 2등급 11퍼센트 이내, 3등급 23퍼센트 이내 등 상대평가 기준이 적용되므로 좋은 내신을 받기가 쉽지 않다.

시험 기간에는 공부와 실기 모두 시험을 보기에 시간분배를 잘해야 한다. 공부만 준비하면 실기등급이 낮아지고, 실기만 준비하면 공부등급이 낮아지므로 2마리 토끼를 잡기 위해 예고생들은 시험 기간마다 고군분투한다.

선화예고 학년별 수업

학과 수업과 미술부 특색 과목

• 교과 과정

국어, 수학, 사회, 영어, 과학 등으로 구성되며 일반 고등학교와 비슷하다. 학과 수업은 미술부 3개 반(1, 2, 3반), 무용부 1개 반(4반), 음악부 4개 반(5, 6, 7, 8반)으로 나뉜다. 전공별로 다른 유형의 중간고사와 기말고사를 보며, 내신 역시 전공별로 나뉜다.

• 제2외국어

제2외국어는 1학년 때만 배운다. 미술부와 무용부는 프랑스어 수업을, 음악부는 독일어 수업을 듣는다. 진도가 빨리 나가는 날이면 〈아멜리에〉〈꼬마 니콜라〉 같은 프랑스 영화를 보았다.

• 사회

한국사, 생활과 윤리, 사회문화 그리고 한국지리 수업이 진행된다. 대부분이 수학능력시험 사회탐구 영역 선택 시 학교에서 개설한 과목을 선택한다. 간혹 세계사나 세계지리 등 다른 과목을 선택하는 경우도 있는데, 내신 공부도 따로 하고 수능 공부도 따로 해야 한다.

• 과학

당시에는 화학 I 과 생명과학 I 수업이 개설되었다. 대부분의 미대는 수능성적으로 사회과목을 요구하기 때문에, 고3 때는 과학 수업이 없다. 선생님께서는 자칫 지루할 수 있는 과학 내용을 최대한

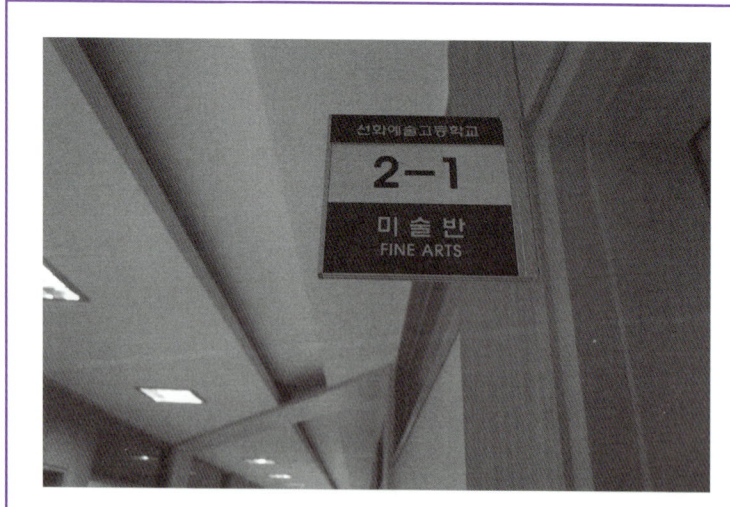

예고 2학년 교실 복도 풍경이다.

예고 3학년 교실이다.

2학년 때 예고 학과 교실. 지금은 리모델링 이후 많이 변했을 것이다.

재밌게 강의해주셨다.

• 미술이론

1학년 때 배우는 과목으로 동서양 작품 및 이론에 대해 배운다. 음양오행에 기초한 오방색, 대지미술, 민중미술, 환경미술 등을 배웠다. 이때 배우는 이론은 나중에 미술사와 미술감상 수업 때 큰 도움이 된다. 또한 전체적으로 매우 유익하고 그림을 그리는 데 도움이 되는 내용을 배운다.

• 미술사

심화교과과정으로 2학년 때 듣는 수업이다. 크게 동양미술사와 서양미술사로 나누어 진행된다. 서양미술사는 매주 30장 분량의 PPT로 고대 라스코 동굴벽화부터 20세기 초반 미술의 흐름까지 배웠다. 선생님께서 직접 여행하며 찍은 사진으로 수업하셔서인지 무척 흥미진진했다. 동양미술사는 고대 토기부터 19세기 한국과 중국의 미술까지를 아우른다. 첫날 '무기교의 기교'가 조선 미술의 특징이라고 한 고유섭을 비롯하여 여러 한국 미학가에 대해 배웠던 기억이 난다. 이후에는 각종 토기부터 회화까지 상당히 전문적인 내용을 배웠다.

• 미술감상

3학년 때 배우는 과목이다. 고3 때 배우는 만큼 다들 집중해서 열심히 수업을 들었다. 수업 시간 가장 많이 들었던 것은 '이상화된 사실주의'인데, 앵그르 작품에서 쓰인 것으로 기억한다.

실기 수업

1학년: 전공 탐색의 시간

1학년 때는 전공 구분 없이 소묘(드로잉) 수업과 함께 학기별로 동양화, 서양화, 디자인, 조소를 배우고 겨울방학에 드로잉전을 준비한다. 학과 수업 시간에는 미술이론을 배운다.

각자 재료를 보관할 수 있는 개인 사물함. 쉬는 시간만 되면
바글바글해지는 미술부 통로이다.

• 조소

예고에서 처음으로 해봤다. 마치 붓 대신 손으로 그림을 그리는

3학년 조소과 실기실 풍경이다.

조소과 공간이다.

느낌이었다. 처음에는 손이 자주 갈라지고 생각만큼 안 돼서 어려웠지만, 시간이 흐르면서 흙맛에 길들여져 빨리 흙을 만지작거리고 싶어졌다. 비록 조소시험에서 거의 꼴등을 했지만 선생님과 부모님의 추천에 따라 조소를 전공할까 고민도 했다.

• 색채소묘

사람은 누구나 좋아하는 것이 있으면 싫어하는 것이 있기 마련이다. 나는 콩테가 너무나 싫었다. 목요일 색채소묘 시간이면 어떻게 해야 콩테 가루를 덜 들이마실까 하고 고민을 했다. 다행히 이후로는 색채소묘 수업이 없었다. 나의 이런 태도 때문인지는 몰라도 색채소묘 점수는 아주 낮았다.

• 서양화

서양화 시간에 아크릴로 자화상을, 유화로 풍경을 그려보았다. 아크릴은 평소에도 많이 사용해서 익숙했지만 유화는 처음이라 생소했다. 확실히 유화물감 마르는 속도는 아크릴에 비해 매우 느렸다. 선생님께서는 현대에 나온 아크릴은 오래전부터 사용되던 유화의 단점을 보완한 재료라 하셨다. 유화 수업 때마다 '왜 좋은 아크릴 말고 이렇게 불편한 유화를 아직까지 쓰지?'라는 생각이 끊임없이 들었다. 선생님께서는 '유화에는 아크릴과 다른 깊은 매력과 풍부한 색감이 있다'고 하셨다. 듣고 보니 그런 것 같기도 했다.

• 디자인

디자인은 고도의 집중력과 섬세한 관찰력이 필요하다. 디자인의 이해부터 투시, 형태, 질감, 채색, 창의력에 관한 수업이 진행되었다. 납작붓, 빽붓, 세필, 포스터칼라, 수채화, 전동지우개, 색연필, 아이디어스케치북 등의 준비물이 필요했다. '육면체를 이용하여 리듬감을 표현하시오' '원기둥과 구로 집중과 확산을 표현하시오' 등의 문제가 출제되었다.

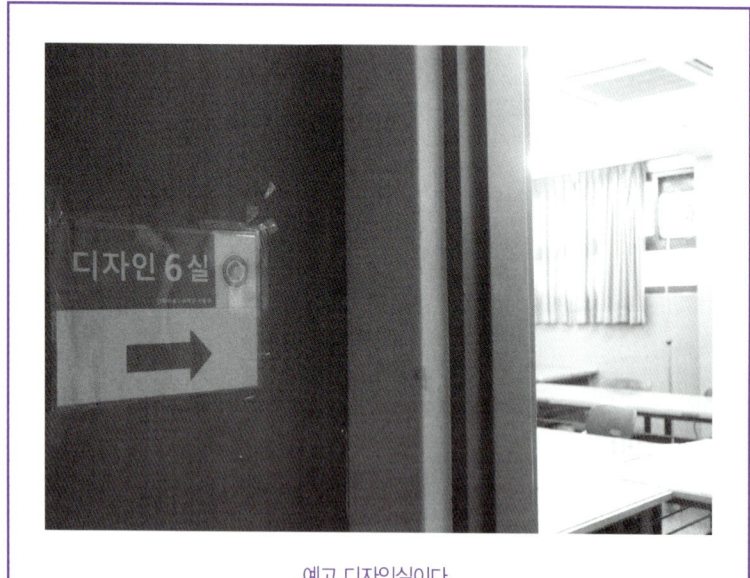

예고 디자인실이다.

• 소묘

연필로 정물화, 자화상, 크로키, 풍경화 등을 연습한 후 기말고사
를 보았다. 소묘는 12개 반에서 조별 수업이 이루어지는데, 간혹 특
이하게도 '문장을 읽고 느낀 것을 제시된 정물에 반영해 그림을 그
리시오' 등의 미술부 공통문제가 주어졌다. 이 반 저 반을 돌아다니
며 다른 친구들의 그림을 보는 재미가 쏠쏠했다.

예고 소묘 실기실이다.

1학년 1학기 소묘 실기고사는 나름 열심히 준비하고 자신도 있었다. 그런데 143명 중 104등을 했다. 소묘에서 6등급이 나와버리고 말았다. 지금 생각하면 실기고사 성적에 너무 연연해했다는 느낌이지만 당시는 큰 고민거리였다. 그 후에도 계속 낮은 등급이 나왔는데 1학년 1학기 1번째 실기시험이라 그런지 이때의 실망감이 가장 컸다. 한동안 실기에 대한 흥미가 완전히 사라질 뻔했다.

• 1학년 방과 후 소묘

1학년 1학기 소묘시험을 본 후에 신청한 수업이었는데 매우 유익했다. 수업이 끝나기 전에는 항상 평가와 피드백을 받을 수 있었다. 주로 3절지에 다양한 정물소묘를 진행하는 수업이었다. 방과 후 수업이라 거의 매일 밤늦게 끝났지만, 약 10명의 같은 반 친구들과 야식을 먹으며 재밌게 그림을 그렸다.

• 동양화

어릴 때부터 미술을 해서 수채화, 아크릴, 파스텔 등 서양화 재료는 어느 정도 익숙했지만 문방사우를 사용해 그림을 그리는 건 서툴렀다. 벼루에 먹을 갈 때, 붓을 진한 먹에 적실 때, 화선지에 먹이 스며들 때처럼 재료적인 측면에서 흥미가 생기기 시작했다. 그 후 수업에서 전통 수묵화에 대한 수업을 들었는데, 이때 동양화의 매력에 푹 빠지게 되었다.

동양화과 정물 보관대이다.

솔거관 꼭대기에 위치한 동양화과 실기실 풍경. 가운데 정물을 보고 그림을 그린다.

2학년: 전공 선택의 시간

2학년 때는 전공을 구별하여 반을 나누고 실기시험도 다르게 치른다. 단, 소묘시험은 다 같이 치른다. 여름방학 때 열리는 미전에는 소묘와 전공별 작품을 1점씩 내야 한다. 학과 수업 시간에는 미술사를 배운다.

• 동양화

첫 전공 시간이 떠오른다. 그때는 내가 정말 동양화를 전공할 건지에 대한 확신이 없어서 들어가지도 못하고 문 앞에서 서성거렸다. '과연 내가 잘할 수 있을까'란 생각이 들었다. 지금이야 잘했다고 생

동양화과 실기실. 가운데 정물이 놓여 있다.

동양화과 실기실 벽면에 여러 참고작이 걸려 있다.

동양화과 실기실. 실기 모의고사 현장이다.

솔거관 꼭대기 5층. 동양화과 실기실이 위치한다.

각하지만 당시에는 정말 고민스러웠다.

　첫째 날은 기본 중의 기본인 선 긋기를 하였다. 손이 떨리기는 했지만 재밌고 신기했다. 붓을 잡은 지 얼마 안 된 상태로 그림을 그려서 미숙한 부분이 많았다. 그 뒤로는 매난국죽, 풍경화, 정물화 등 다양한 주제를 먹으로 표현하는 연습을 하였다. 몇 주 동안 실기 시간마다 연습을 한 뒤 학기마다 인물화, 풍경화, 정물화와 관련된 실기 시험을 본다. 2학년 1학기에는 풍경화시험을, 2학기에는 인물화시험을 보았다. 수업 시간에는 〈개자원화전〉을 따라 그리거나 밖에서 나무와 돌을 그렸다.

• 소묘

수업 시간에는 대부분 정물소묘를 연습하는데, 갑자기 싫증이 나면 여러 크로키를 했다. 정물소묘가 아닌 다양한 주제의 그림이 드로잉북을 채웠다. 고등학교 2학년 때부터는 입시에 맞춘 커리큘럼이 시작된다. 정해진 시간에 공부하고 밥 먹고 지내는 생활이 지겨워질 때마다 '빨리 대학생이 되고 싶다'는 생각을 했다. 눈앞의 각종 시험, 다가오는 대학입시, 미래에 대한 불확실 등 불안해진 수험생의 마음을 당시 그림을 통해 풀 수 있었다.

• 특별활동

2학년 때 있는 2번의 특별 미술활동 시간에는 모두 입체작품을 만드는 반을 신청하였다. 평면만 하다가 입체를 하니 더 어렵고 집중력이 많이 필요했다. 조소과라고 해서 조소만 하고, 동양화과라고 해서 동양화만 하는 게 아니다. 하나의 '예술'로서 모든 미술 장르를 다 배워봐야 한다. 이렇게 입체작품을 만들어보는 것이 평소 동양화나 소묘작품에도 도움 되는 걸 느낄 수 있었다.

3학년: 전공 심화의 시간

3학년 때는 대학별, 전공별 수업이 다르게 이루어진다. 서울대와 이대 실기 유형에 따른 모의고사도 자주 실시되었다. 간혹 미대 관계자가 직접 와서 모의고사를 평가하기도 했다. 실기 모의고사는 대학 입시를 준비하는 데 매우 유익했다. 이때부터 홍대만을 준비하는 학생은 미술활동보고서에 시간을 더 투자하기도 하는데, 기본적으로 실기 수업도 같이 듣고 실기시험도 필수적으로 봐야 한다.

예중, 예고에 이어 3번째로 경험하는 입시이다. 그중에서도 미대 입시라 그런지 전보다 더욱 많은 준비와 정보가 필요했다. 매우 불안하였지만 준비한 만큼 원하는 곳을 갈 수 있을 거라 긍정적으로 생각하였다. 매일 밤 10시까지 실기 수업이 이루어졌다.

미술부에서도 미대 관련 정보를 많이 얻을 수 있었다. 대학에 진학한 선배들에게 질문을 할 수도 있었다. 또한 학과 교실 뒤쪽 게시판에는 최신 미대 입시 정보가 매번 업데이트되었다. 예고는 미대 입시에 정말 많은 관심을 쏟고 학생들이 편하게 준비하도록 도와준다.

방과 후 수업을 통해서도 실기 시간은 계속 진행된다. 이대를 목표로 하는 경우는 실기에 더욱 많은 시간을 투자해야 하는데, 아예 이대 소묘반이 따로 열리기도 한다. 홍대나 서울대 모의 면접도 여러 번 실시된다. 미술부 실기 선생님 몇 분이 학생 1명을 대상으로 실제 면접과 같은 형식으로 진행된다.

선화예고 미술부 행사

• 1, 2학년 춘계실기대회

1학년 때는 연필, 콩테, 색연필, 펜 등 건성재료를 활용해 그때그때 주어진 주제에 따라 그림을 그린다. 반면 2학년 때는 전공별로 전공 시간에 쓰는 재료를 이용해 그림을 그린다.

실기대회 장소가 하필 사람 많은 어린이대공원이라 지나가는 사람마다 한번씩 그림을 보고 갔다. 칭찬은 고래도 춤추게 한다고, 사람들이 칭찬할 때마다 더 열심히 그려지고 잘하고 싶다는 욕심이 생겼다.

• 1, 2학년 하계실기대회

1학년 때는 연필, 콩테, 색연필, 펜 등 건성재료를 쓰고 2학년 때는 전공별로 전공 시간에 쓰는 재료를 이용해 그림을 그린다. 당시

정문 바로 옆에 위치한 어린이대공원. 야외 스케치하기 좋은 곳이다.

한국화과였던 나는 무거운 벼루, 화판, 화선지 여러 장 등 꽤 많은 준비물을 들고 이동했다. 도착해서는 풍경이 너무 아름다워 그림 그리는 내내 집중이 안 될 정도였다. 오랜만에 새로운 공간에서 정신과 마음을 힐링한 시간이었다.

• 3학년 춘계실기대회

정해진 해석을 할 수 없다는 점에서 보는 사람에게 상상의 자유와 그림 자체의 아름다움을 느끼게 하는 추상화는 큰 감동을 준다. 학교에서 배운 관찰과 표현의 중요성에 따라 이전까지는 항상 사실적인 작품만 그렸는데, 이 실기대회에서는 추상화를 시도해보았다. 대회 주제는 '생성과 소멸'이었다. 이에 대한 느낌을 아교, 먹, 소금을 뿌려 추상적인 먹 방울로 표현하고 그 사이에 죽은 소나무 껍질과 자라나는 소나무를 묘사하였다. 자라나는 소나무는 빠른 선, 죽은 껍데기는 힘없는 선을 쓰면서 선의 변화에 신경을 쓰고자 노력했다.

• 관찰과 시각 소묘전

오랫동안 연필을 다뤄본 만큼 다들 완성도가 높은 작품을 선보인

솔거갤러리 앞에 '관찰과 시각-소묘전' 포스터가 보인다.

관찰과 시각–소묘전. 소묘작품만 전시한다.

솔거갤러리 앞 복도. 여기까지 전시가 진행되고 있다.

다. 미술부 학생들의 소묘 실력 증진을 위해 매해 열리는 전시이다. 전시 준비를 하는 동안 진짜로 소묘 실력이 향상되는 걸 느낄 수 있다. 전시는 솔거갤러리와 미술부 복도 등 다양한 곳에서 진행된다.

지금까지 가장 중요하고도 어려운 과목을 고르라면 항상 '소묘'를 생각했는데, 이 전시 준비를 통해 그 생각이 더욱 확고해졌다. 내가 생각한 완성도와 선생님께서 원하시는 완성도는 상당히 달랐다. 오랫동안 소묘를 했지만 늘 자신감이 부족했는데, 다행히 이 전시를 통해 소묘에 대한 감을 키울 수 있었다.

• 선화미전

미술부에서 가장 큰 행사 중 하나이다. 다들 훌륭한 솜씨로 입이 떡 벌어지는 작품을 선보인다. 전시는 같은 날짜에 하지만 전공별로 준비하며, 작품 역시 전공별로 걸리므로 전시를 보면 동양화, 서양화, 디자인, 조소과 학생들이 각각 어떠한 수업을 받는지 대략적으로 알게 된다.

당시 나는 소금과 아교 그리고 헤어드라이어를 이용한 동양화작품을 준비했다. 커다란 전지에 아교가 섞인 먹을 쏟은 후 그 위에 굵은 소금을 뿌리고 헤어드라이어로 말려보았다. 김장할 때 쓰는 굵은 소금 알갱이가 먹을 흡수하여 검정 바탕에 흰 자국이 생겼다. 신기하고 재밌는 효과가 나왔다. 이런 방식을 여러 번 반복한 후 가장 마음에 드는 것을 골라 어린 시절 사진 속 인물을 그려 넣었다.

미전 시즌 때의 구름다리. 형형색색의 두상 조각이 전시되어 있다.

조소과에서 만든 단체작품. 각각 미술, 무용, 음악을 상징하는 손이다.

선화예고
학교생활 에피소드

• 명사 초청 강의

학교에서 현직 작가나 대학교수님의 초청 강의가 진행되었다. 당시 故이두식 작가가 오셨는데 다들 매우 흥미롭게 경청했다. 초기 작품부터 최근 작품까지 순서대로 재밌게 설명해주셨다. 오방색을 사용한 독특한 이두식 작가의 그림이 아직도 생각난다. 이 외에도 오래전 일이라 잘 기억나지 않지만, 대학교수 및 여러 유명한 작가가 차례로 와서 강연을 해주셨다.

• 팝업북

미술부 특별활동시간에 여러 활동 중 하나를 신청하여 원하는 수업을 들을 수 있었다. 나는 팝업북 제작을 신청했다. 수업은 생각보다 너무 어려웠다. 머릿속으로 '이 부분을 튀어나오게 해야지' 하면서도 막상 튀어나오게 하려니 머릿속이 하얘졌다. 색종이와 하드보드지를 이리저리 오리고 붙이면서 몇 주에 걸쳐 10장짜리 책을 겨우 완성했다. 진짜 팝업북에 비하면 형편없지만 그래도 나의 첫 팝업북이라는 데 만족하였다.

• 미술봉사

고등학교 재학 기간 동안 벽화부터 보육원 미술봉사까지 다양한 봉사를 해보았다. 큰 보람을 느낄 수 있던 시간이었다. 분당에 있는 요양원에서 할아버지, 할머니들과 함께 부채에 그림을 그렸던 기억도 나고, 학교 근처 지역아동센터에서 몇 년간 미술 교육봉사를 한

솔거관 꼭대기인 5층에 위치한 예천홀. 설명회나 특별 강연 장소로 사용된다.

기억도 떠오른다. 가장 기억에 남는 추억은 초등학생들과 매주 다양한 미술 수업을 했던 것이다. 매월 마지막 주에는 학생별로 간단히 포트폴리오를 제작하여 나누어 주었는데, 힘들었던 만큼 보람도 컸다. 또한 벽화 그리기, 전시장 지킴이와 같은 미술봉사 역시 유익한 경험이었다.

예고 더 보기

전국에는 약 30개의 다양한 예고가 있다. 세부적인 입시방법과 커리큘럼은 학교별로 차이가 있지만, 크게 보면 비슷한 교육과정으로 이루어져 있다. 고등학교 1학년과 2학년까지는 다양한 미술 교과목을 수강하고 3학년부터는 주로 미대 입시를 위한 실기 수업이 진행된다.

입시와 교육과정에 관해 각 학교별 졸업생들과 인터뷰를 진행해보았다. 그렇지만 친구들 말만 듣고는 학교에 관한 객관적이고 정확한 정보를 얻기가 어려웠다. 따라서 자세한 정보는 홈페이지를 참고하기를 권한다.

- 서울예술고등학교: www.yego.or.kr
- 덕원예술고등학교: www.dwarts.hs.kr
- 계원예술고등학교 : www.kaywon.hs.kr
- 안양예술고등학교: www.anyangart.hs.kr
- 인천예술고등학교: inart.icehs.kr
- 경기예술고등학교: www.kgart.hs.kr
- 고양예술고등학교: www.goarts.hs.kr
- 부산예술고등학교: www.pusanarts.hs.kr

3

미대 그리고
홍익대학교

홍익대학교 미대 소개

- 미대 위치: 서울시 마포구 서울캠퍼스
- 미대 소속 과: 예술학과, 동양화과, 회화과, 판화과, 조소과, 디자인학부, 금속 조형디자인과, 도예유리과, 목조형가구학과, 섬유미술패션디자인과, 미술대학 자율전공
- 커리큘럼: 미대 1학년 공통으로 과별 입체조형, 평면조형, 미술사 수강 및 전 공별 수업
- 등록금: 1학기 450만 원 이상

홍익대학교 정문 홍문관이다.

미대생들이 자주 찾는 홍문관 내부의 한가람문구센터이다.

운동장에서 바라본 학교 모습이다.

홍익대학교 미술대학의 모습이다.

미대 조형관이다.

미대 건물 내부이다.

실기실로 향하는 엘리베이터이다.

학사지원팀 옆에 우아한 〈비너스〉 조각이 보인다.

빨간색 〈영원한 미소〉 조각상, 만남의 장소로 자주 이용된다.

홍익대학교 운동장 풍경이다.

학교 운동장. 이곳에서 홍대 축제가 열린다. ⓒOingoing301

운동장 옆 농구장. 작고 다양한 전시회가 개최된다.

홍익대학교 현대미술관 입구이다.

홍대 정문에서 바라본 학교 앞 길거리 풍경이다.

학교 정문 바로 앞의 거리 풍경 ⓒOingoing301

홍대 미대 입시

홍익대학교 미술대학은 다음의 두 전형 모두 지원 가능하다.

간단하게 보는 홍대 미대 학생부종합전형 입시과정

- 학교생활기록부 입력: 9월 초

- 1차 합격자 발표: 9월 말

- 미술활동보고서 입력: 9월 말부터 10월 초까지 약 일주일. 평가자인 교사 입력 기간은 조금 더 길다

- 2차 면접대상자발표: 11월 초

- 수능: 11월

- 면접: 11월 말이나 12월 초

- 최종발표: 12월 초

간단하게 보는 홍대 미대 학생부교과전형 입시과정

- 학교생활기록부 입력: 9월 초

- 수능: 11월

- 최종발표: 12월 초

학생부종합전형을 보다 자세히 살펴보자.

1단계: 학교생활기록부 100

2단계: 학교생활기록부 70 + 서류평가 40

3단계: 학교생활기록부 40 + 서류평가 30 + 면접평가 30

학생부교과전형은 학교생활기록부만으로 학생을 뽑는 전형이다. 생활기록부는 국어, 영어, 미술, 택 1(수학/사회/과학)이 반영 교과목이며, 마찬가지로 수능최저학력기준이 적용된다. 획기적인 이 전형을 통해 내신이 좋은 학생이라면 누구나 홍대 미대에 입학할 기회가 주어진다.

입시에 완벽한 답은 없다. 모두가 각자의 입시를 치르고 서로 다른 상황을 겪는다. 나는 입시전문가나 학원선생님이 아니다. 입시는 해가 바뀔 때마다 달라지기 때문에 이 책에서 설명한 정보만으로 모든 준비를 끝내는 것은 무리이다. 따라서 입시 정보는 참고만 하고 학교별 홈페이지에서 매번 업데이트되는 정보를 얻는 편이 좋다. 같은 학교가 목표일지라도 준비방법은 개인에 따라 달라진다.

완벽한 입시가이드북이란 존재하지 않는다. 또한 합격된 자료의 특징도 지원자별로 매우 다르다. 그러므로 이 책을 통해 자신에게 필요한 것만을 참고하여 원하는 정보를 얻어가면 좋겠다.

미술활동보고서

미술활동보고서는 '홍익대 합격포인트' '홍대 입시의 꽃'이라 불러도 부족함이 없다. 보통 '미활'이라고 줄여서 말한다.

학생부종합전형 미술계열 1단계 합격자들은 미술활동보고서를 준비해야 한다. 지원자의 소양, 예술적 감수성과 열정, 잠재력 및 발전가능성, 교육환경, 서류의 진실성 및 객관성이 종합적으로 평가된다. 이때는 각자 수업 과정에서 최선을 다하고, 거기서 느끼고 경험한 바를 적으면 된다. 사소한 것이라도 미술활동에 포함시킬 수 있다. 학교 정규과정에 미술 수업이 없는 경우는 굳이 활동을 많이 나열하지 않아도 충분히 붙을 수 있다. 10개를 모두 채워서 쓴다고 붙는 것이 아니다. 나열식으로 기재한 의미 없는 활동 10개보다 소중한 활동 하나가 큰 의미를 가질 수 있다.

평가자 의견은 미술 선생님께서 작성해주신다. 우리 때도 소수의 미술부 선생님께서 재수생들을 포함해 홍대를 준비하는 많은 학생들의 미술활동보고서를 일일이 다 읽고 평가자 의견을 작성해주셨다.

미술활동보고서를 보면 학교생활 기억이 새록새록 떠오른다. 수십 번의 수정을 거듭했는데 마지막 제출 순간까지도 무언가 찜찜했다. 다음은 당시 찜찜한 마음으로 제출한 보고서 내용이다.

비교과활동 (1) 전시관람

- **활동내용소개(100자)** 전시를 보고 미술작품에 대한 나름의 평가, 작품 배열 순서, 액자의 크기와 종류, 각 전시장의 특징을 상세하게 노트에 기록하였다.
- **주관기관** 개인
- **활동규모** 개인
- **활동형태** 비정기적 활동
- **활동참여횟수** 90회
- **활동참여기간** 2011.3.3.~2013.8.2.
- **참여인원** 개인활동 1명
- **자기평가의견(400자)** 처음에는 낯설었던 작품 감상이 매 전시마다 더욱 논리적으로 구체화되는 걸 느낄 수 있었다. '오늘의 프랑스미술展'에서 본 흰 도자기들이 푸른 물 위에서 화음을 내는 작품과 '아니쉬카푸어展'의 거대한 망치가 붉은 왁스를 밀어내는 〈붉은 대지〉란 작품은 모두 동양적 철학과 소재를 작품 속에 담았는데 책에서는 느낄 수 없었던 신선한 감동을 주었다. 또한 이응노, 김창열, 마크 토비, 한스

아르퉁 등을 한데 모아놓은 예술의전당 서예박물관 '그리기와 쓰기의 접점에서展'을 통해 현대미술 속 획의 정신과 서화 일치를 학습하였다. 가능한 만큼의 다양한 전시들을 통해 나만의 미적 안목과 감수성을 키우고자 하였다.

비교과활동 (2) 독서

- **활동내용소개(100자)** 선사예술부터 동시대 미술에 이르기까지 미술에 관한 폭넓은 독서를 한 후 독후감을 쓰면서 나의 생각을 정리하였다.

- **활동규모** 개인

- **활동형태** 비정기적 활동

- **활동참여횟수** 500회

- **활동참여기간** 2011.3.3.~2013.9.10.

- **참여인원** 개인작업 1명

- **자기평가의견(400자)** 동양화 전공자로서 동양철학을 모른다는 것은 부끄러운 일이다. 동양철학과 동양화의 떼어낼 수 없는 관계에 학문적 호기심을 느낀 나는 동양화와 관련된 철학, 역사, 이론 등의 책을 펼쳤다. 《함께 읽는 동양철학》을 통해 전통 동양화를 더 정확히 이해하고자 했고 《중국회화산책》을 보며 동양의 뿌리 깊고 견실한 조형사고를 느꼈다. 또한 서화동원과 관련된 《갑골문이야기》를 읽으며 깊고 넓은 학습을 하였고 상형문자들의 형태가 실재와 문자 사이의 관계를 비교할 때 너무 재밌어서 책을 보는 내내 눈을 떼지 못하였다.

비교과활동 (3) 봉사

- **활동내용소개(100자)** 일주일에 1번 1시간씩 미술 수업을 하면서 저학년 아이들을 위한 수업 커리큘럼을 짜고 수업 후에는 그림과 함께 개인별 수업태도 및 그림의 장단점을 보고서로 만들었다.

- **활동규모** 개인

- **활동형태** 정기적 활동(주 1회)

- **활동참여횟수** 60회

- **활동참여기간** 2011.10.19.~2013.7.30.

- **참여인원** 2명

- **자기평가의견(400자)** 미술에 재능이 있지만 경제적인 이유로 꿈을 접는 아이들을 보며 안타까움을 느꼈다. 이에 미술봉사를 할 기회를 찾았고 어머니가 반찬봉사를 하고 계신 지역아동센터에서 미술 수업을 시작하였다. 마블링, 단어 뽑아서 그리기, 모델크로키, 명도 단계 내기, 프로타주, 그림빙고 등으로 아이들의 흥미를 유발하고자 노력했다. 처음에는 미숙한 그림을 보면서 '왜 이렇게 그릴까?'라 생각했는데 후에는 오히려 순수한 아이들의 그림을 보며 내 그림에 대한 성찰적 반성을 할 수 있었다. 결과적으로 가르친 것보다 배운 게 더 많은 봉사 활동이었다.

비교과활동 (4) 교내 실기대회

- **활동내용소개** 매년 춘계에는 어린이대공원에서 추계에는 남이섬에서

진행되며, 학년별로 제시된 주제를 해석하여 자연의 풍경을 그리는 실기대회이다.

- **활동규모** 단체
- **활동형태** 정기적 활동
- **활동참여횟수** 5회
- **활동참여기간** 2011.5.~2013.5.30.
- **참여인원** 300명 이상
- **자기평가의견** 1, 2학년 실기대회 때 성실한 그림으로 수상을 했을 때는 뿌듯한 마음이 들었다. 하지만 어느 순간 상을 받기 위해 의미 없이 작은 점을 찍는 나 자신이 한심하게 느껴졌다. 특히 여백을 살려 점과 선의 조화로 상을 받은 그림은 성실함을 내세우며 화선지를 점으로 가득 매웠던 나를 반성하게 하였다. 이에 3학년 때는 소밀을 활용한 여백과 포치, 선의 완급조절, 흑백농담건습의 용묵법 등을 꾸준히 탐구하며 실력 향상을 위해 절차탁마하였다. 동양화를 시작한 후 하루도 빠짐없이 한 연습과 노력이 밑거름이 되어 마지막 실기대회에서 당당히 최우수상을 받을 수 있었다.

비교과활동 (5) 포트폴리오 제작

- **활동내용소개** 작품설명과 함께 직접 찍은 사진들과 지금까지 그린 모든 그림을 날짜순으로 정리해 해마다 포트폴리오를 제작하였다.
- **활동규모** 개인

- 활동형태 비정기적 활동
- 활동참여횟수 여러 번
- 활동참여기간 2011.3.3.~2013.9.30.
- 참여인원 1명
- 자기평가의견 꾸준히 체계적으로 모은 작품집인 포트폴리오를 통해 내 그림의 변화와 발달과정을 스스로 파악할 수 있었다. 처음 미술을 시작했을 때는 과거 미술의 근간이 되는 비례, 명암, 원근법을 익히는 데 주력했다면 지금은 그와 더불어 현대미술의 기초인 개념이나 생각을 그림 속에 넣는 데 집중하는 과정을 볼 수 있었다. 해마다 작품을 정리하면서 내 그림의 장단점 및 성향을 진지하게 고민해보는 시간을 갖고 앞으로의 학습방향을 결정하였다.

비교과활동 (6) 교내 제 35회 미전

- 활동내용소개 '하이브리드'라는 주제로 정해진 기간 동안 각자 원하는 작품을 제작하여 창의성과 자율성을 맘껏 발휘할 수 있는 창작활동을 했고 그 결과물을 교내에 전시했다.
- 활동규모 개인
- 활동형태 비정기적 활동
- 활동참여횟수 1회
- 활동참여기간 2012.8.3.~2013.9.30.
- 참여인원 141명

- **자기평가의견** 지퍼를 볼 때마다 사람들이 옹기종기 붙어 있는 모습이 생각난 나는 지퍼 속에 숨은 사람들을 그리고 싶었다. 지퍼가 잠기기 전에 사람들은 각자 떨어져 있으며 불완전하다. 그러나 지퍼를 잠금으로써 사람들이 손을 마주잡게 되고 이 속에서 사람들의 안정적인 생활이 가능해진다. 즉 지퍼는 일종의 사회적 규율로써 사람들을 다닥다닥 붙게 해주는 역할을 한다. 그렇기에 지퍼를 최대한 차갑고 날카로운 느낌으로 표현했다면 사람들의 표정과 모습은 부드럽게 처리했다. 지퍼가 만들어놓은 체계 속에서 서로 의지하고 연대하는 사람들이 우리와 많이 닮은 듯하다.

비교과활동 (7) 동계미전

- **활동내용소개** 시간성과 관련된 폐품 그리고 그것을 조형화한 재활용 미술이라는 주제로 겨울방학동안 작품을 제작한 뒤 전시를 하였다.

- **활동규모** 단체
- **활동형태** 비정기적 활동
- **활동참여횟수** 1회
- **활동참여기간** 2011.12~2012.1.30.
- **참여인원** 141명
- **자기평가의견** 작품의 아이디어는 〈KBS 미술 5부작〉 방송에서 본 청바지 작가 최소영 씨의 작품에서 얻었다. 그녀는 낡은 청바지를 오리고 붙여서 멋진 풍경을 나타내는데 재료가 친환경적이고 작품도 굉

장히 독특하며 창의적이다. 그래서 거기서 영감을 얻고 이렇게 헌 옷들로 책을 표현하게 되었다. 이번 미전의 주제가 재활용품의 활용, 즉 친환경적인 내용의 작품을 만드는 것이라 작품의 배경을 '중고서점'으로 정했다. 책도 마음껏 살 수 있고 가끔 희귀한 책도 나오는 중고서점을 묘사함으로써 재료와 소재 그리고 주제 모두 친환경적으로 접근하였다.

비교과활동 (8) KDB미술대회

- **활동내용소개** '최고를 넘어 세상에 없던 새로운 영역에 도전하여 개척한다'라는 의미의 'PIONEER beyond Best'란 주제로 작품을 제작하여 출품하였다.
- **활동규모** 개인
- **활동형태** 비정기적 활동
- **활동참여횟수** 1회
- **활동참여기간** 2012.9.10.~2012.11.16.
- **참여인원** 200명
- **자기평가의견** 라파엘로가 〈아테네 학당〉에서 유럽인의 시각으로 선구자를 그렸듯이 나는 한국인의 시각에서 현대판 개척자들의 모습을 콜라주를 사용해 표현하였다. 이데아를 추구했던 플라톤의 자리에는 스티브 잡스를 넣고 그 반대편에는 빌 게이츠를 배치하였다. 나 자신은 〈아테네 학당〉 속 라파엘로의 위치에 놓았는데 이는 언젠가 동

양화의 대가로서 나도 미술계의 선구자가 되어 내 작품 안의 사람들과 당당하게 어깨를 겨루고 싶음을 나타낸 것이다. 자신의 일을 진심으로 즐기고 목표를 이루기 위해 노력했다는 사실, 이것이 내 작품 속 선구자들의 공통점이다.

비교과활동 (9) 야외 사생

• **활동내용소개** 매년 봄과 가을이 되면 학교 주변에 나가서 직접 자연환경을 보고 작업 대상을 고른 후에 보고 느낀 것을 그림에 담아내었다.

• **활동규모** 개인

• **활동형태** 비정기적 활동

• **활동참여횟수** 여러 번

• **활동참여기간** 2011.3.3.~2013.9.30.

• **참여인원** 1명

• **자기평가의견** 각 계절에 따른 자연변화와 분위기를 느끼며 자연을 관찰하고 감성을 그림에 담아낼 수 있는 시간이었다. 서양화와 사진기의 익숙한 고정된 시점에서 벗어나 산수화의 삼원법과 이동시점에 따른 동양의 정신을 느껴보니 전통 산수화가 오히려 신선하고 더욱 아름답게 느껴졌다. 사생을 하는 그날의 계절과 날씨에 따라 다른 그 순간의 분위기에 동화되어 그리기 때문에 사진을 보고 맹목적으로 따라 그리는 행위보다는 실제적인 감정과 감성을 그림에 표현할 수 있었다.

비교과활동 (10) 교지편집부

- **활동내용소개** 교지편집부원으로서 학교 선배를 만나 인터뷰를 하고 이를 기록하였으며 미술부 소개, 미술관련 전시, 독후감상문을 2012년도(제37회) 교지에 기재하였다.

- **활동규모** 개인

- **활동형태** 비정기적 활동

- **활동참여횟수** 여러 번

- **활동참여기간** 2012.3.3.~2012.12.30.

- **참여인원** 11명

- **자기평가의견** 인터뷰를 할 선배를 선정하고 인터뷰 요청을 정중히 메일로 요청한 후 기사를 편집하는 일 등을 하며 말로 들은 내용을 글로 표현하는 법과 원활한 의사소통을 하는 법을 알게 되었다. 또한 미술부 선배들의 졸업 후 활동계획이나 조언들을 통해 미술에 대한 시야를 넓히고 미래를 설계해보기도 하였다. 글을 쓸 때 매일 아침 신문을 분석하고 스크랩해놓은 것이 논리적으로 글을 전개시키는 데 큰 도움이 되었고 교지 속 학생들과 선생님의 시, 수필, 소설, 감상문, 독후감 등을 정독하며 동기부여를 받을 수 있었다.

여행을 좋아해 지구본을 옆에 두고 여러 나라의 책을 보면서 다양한 외국문화와 외국어를 접한 나는 타자를 통해 자아를 들여다보는 기회를 얻었다. 외국에 대한 관심이 커질수록 자연스레 우리나라의 문화와 나의 한국적 정체성에 대해 생각하게 된 것이다. 학교에서 한국사, 한국의 유불도 사상, 한국지리, 국어 그리고 한국화에 깊은 관심을 가지고 공부한 것도 모두 문화적 정체성을 찾기 위한 노력의 일환이었다. 유럽중심적인 미술사 교육을 받고 서양화를 가장 먼저 접하는 전 세계 미술인들에게 동양의 뿌리 깊고 견실한 조형사고가 좀 더 알려지고 차용되어질 수 있도록 동양화의 세계화에 이바지하고 싶다. k-pop, k-lit(문학), 한식의 세계화가 점차 진행되는 가운데 그러한 기사를 볼 때마다 심장이 뛰고 가슴이 두근거렸다. 세계가 주목하는 한국의 문화 중 나는 급변하는 현대미술 속 오랜 세월 *꿋꿋이* 전통의 정신성을 유지해온 동양회화의 21세기적 가능성을 알리는 역할에 모든 열정과 시간을 투자하고 싶다. 그렇기에 그림에 대한 열정과 학문적인 즐거움을 나눌 수 있는 동양화과에 진학하여 '가장 한국적인 것으로 가장 세계적인 것을 창조하는 사람'이 되고자 하는 나의 꿈을 반드시 이루고 싶다.

내신

보정계수

홍대는 홍대만의 내신 산출법이 존재한다.

학교생활기록부 점수

= [교과점수] × [학교생활기록부 반영비율(퍼센트) ÷ 100]

미술계열(예술학과 제외)은 국어, 영어, 미술, 택 1(수학/사회/과학)을 반영한다. 수학, 사회, 과학 중 보정등급이 좋은 교과가 자동 반영되므로 학생부 제출 때 일일이 계산하지 않아도 된다. 반영교과군의 전 과목은 학년 구분 없이 합산하여 3학년 1학기까지의 성적이 반영된다.

홍대 홈페이지 입학란에는 학교생활기록부 반영방법에 관한 자세한 수학 도식이 나온다. 교과별 평균등급부터 보정등급 산출방법까지 다양하고 복잡하다. 교과별 등급과 이수 단위 등을 계산해서 최종 등급이 나오는데, 미술계열(예술학과 제외)의 경우 미술교과와 일반교과의 보정계수가 다르다.

일부에서는 이를 두고 '미술교과를 많이 듣는 예고생을 위한 제도'라는 말도 한다. 과연 그럴까? 실제 예고에서도 홍대 보정계수는 예고생을 위한 혜택이라는 홍보 아닌 홍보를 한다. 그렇지만 예고에서 미술교과 등급이 안 좋다면 아무리 보정계수를 적용해도 높은 등급이 나오지 않는다.

무엇보다 중요한 것은 내신 관리이다. 사실 보정계수 산출법을 몰라도 내신이 높으면 그만이다. 3학년쯤이 되면 학교나 학원에서 대학 진학을 위해 알아서 홍대 등급을 산출해준다.

홍대 미대 수시 2차일 경우 학생부100퍼센트로 내신이 절대적 역할을 한다. 내신순으로 붙는다 해도 과언이 아니다. 인기학과 대부분은 내신 평균 1점 대, 그 외는 2~3점 대이다. 홈페이지에서 연도별, 과별 합격자들의 평균내신 및 경쟁률을 찾아보자. 입시 막바지에는 가끔 소수의 학생들이 선생님의 조언에 따라 평균 등급이 낮은 학과로 과를 전향하기도 한다. 성적이 간당간당할 경우, 이러한 정보를 바탕으로 합격자 평균등급이 낮은 과로 지원하는 것도 방법이다.

홍대 내신 파헤치기

내신 공부 관련 팁은 다음과 같다.

1. 자기계발서를 통해 공부 의지를 충전하는 것이 필요하다

자기계발서에는 공부법에 관한 노하우가 있다. 거기서 나한테 맞는 방법을 찾아 몇 개만 실천해도 금방 성적을 올릴 수 있다. 시중에는 노트법과 관련된 수많은 책이 존재한다. 필기구 종류부터 필기하는 법까지 상세히 나온 책을 통해 나에게 맞는 방법을 찾으면 된다.

'왜 성적이 안 오를까'라고 고민만 하지 말고 공부 방법을 발전시켜 보자. 시험 때마다 성적이 향상되는 게 보일 것이다.

2. 시험이 끝나면 오답체크와 짤막한 글을 쓴다

다음 시험 때 큰 도움이 된다. 시험지를 가지고 교과서와 비교해 보며 나온 부분을 체크하면, 그다음 시험 기간에 보면서 '아 이런 부분에서 문제가 나오겠구나' 하고 감이 잡힌다. 이 문제는 왜 틀린 것인지 몇 글자라도 적어놓으면 더욱 도움이 된다. 다음 시험 때 똑같은 실수를 할 확률이 줄어들 것이다.

3. 선생님께 시험에 무엇이 나오는지 직접 물어본다

수업 시간에 알려준 시험범위와 문제유형을 들은 후에도 감이 안 잡힌다면 이것 역시 좋은 방법이다. 생각보다 친절하게 선생님은 무슨 문제가 나올지 대략 힌트를 주신다. 적극적으로 공부하고자 하는 학생에게 도움을 주는 것이다. 수업이 끝난 후 바로 물어보아도 좋고, 교무실에 찾아가 모르는 문제를 물어보는 척 여쭈어보아도 좋다. 중요한 건 내가 시험에 이렇게 관심을 쏟고 있다는 것이며, 선생님은 모르는 부분에 대한 답을 흔쾌히 가르쳐줄 것이다.

4. 족보를 찾는다

선배들의 시험지가 없더라도 인터넷사이트를 통해 쉽게 얻을 수 있다. 물론 전부 있는 건 아니지만 과목별, 연도별, 선생님별 기출문제 1개 정도는 찾을 수 있다. 이런 식으로 족보를 찾아 풀어본다. 놀랍게도 같은 형식의 문제가 출제되는 게 보인다. 특히 어렵고 많이 틀린 문제일수록 항상 똑같은 형식으로 출제되니 족보를 꼭 활용하자. 많은 도움이 된다.

5. 교과서나 수능 문제집을 보면서 필요 없는 문장을 과감히 지워버린다

사실 지금도 활용하는 방법이다. 생각보다 효과가 좋다. 예를 들어 '그리고 또 하나 중요한 것은 선종은 불교 종파 중 하나로 직관적인 종교 체험으로서의 선을 강조한다는 사실이다'라는 문장이 있다고 치자. 여기서 '선종, 불교 종파, 직관적인 종교, 선'을 남기고 수정액이나 컴퓨터용 사인펜으로 다 지워버린다. 이렇게 하면 1번만 읽더라도 중요한 내용만 보게 돼서 빨리 암기할 수 있고, 여러 번 읽을 때는 불필요한 문장을 덜 읽게 돼서 효과적이다. 물론 소설이나 시를 공부할 때는 이런 방법이 통하지 않는다.

6. 이해되지 않거나 흥미로운 내용이 나오면 이와 관련된 여러 권의 책을 읽어본다

시간이 더 걸릴 것 같은 방법이지만 실제로 해보면 더 빨리 이해해 시간을 단축시킬 수 있다. 예를 들어 서양미술사를 공부할 때 도서관이나 서점에서 서양미술사 관련 책을 5~10권 빌려 읽어보자. 겹치는 내용이 상당히 많을 것이다. 그러면 처음 보는 그림이 눈에 익숙해지면서 무작정 암기할 때는 이해 못 했던 내용이 쏙쏙 이해된다.

7. 운동을 한다

우리는 공부하는 기계가 아니다. 아무리 시험이지만 어떻게 매일 공부만 하고 살 수 있는가? '건강한 몸에 건강한 정신이 깃든다'라는 말이 있듯, 체력이 뒷받침되어야 집중력도 발휘된다. 짬짬이 1시간이라도 가볍게 몸을 움직이는 활동을 해보자. 땀을 흘린 뒤 맑은 정신으로 계속 공부에 집중할 수 있을 것이다. 미친 듯이 바쁜 고3 미대 입시생일지라도 운동을 꼭 병행하도록 노력하자.

8. 가장 중요한 것은 '꼬박꼬박 예습 복습'이다

모르는 것이 생기면 바로바로 해결하면서 내신을 확실히 내 것으로 만들자. 그러면 홍대가 바로 앞에 보일 것이다.

면접

실기시험이 없는 홍대에서 면접은 매우 중요하다. 학생부종합전형 미술계열 2단계 합격자는 면접을 본 후 최종합격을 기다린다. 면접은 '지원자의 수학능력, 인성 및 가치관, 다양한 소질과 자질, 전공 지식과 소양 등'을 종합적으로 평가한다. 지원자의 창의성, 잠재력,

문제 해결능력, 관찰력 역시 중요하며, 이때 미활보에 기술된 내용도 물어보면서 다시 평가한다.

부끄럽지만 당시 면접이 끝난 직후에 작성한 생생한 기록을 공유하려 한다. 지금 봐도 너무나 부족하고 민망할 정도로 못했지만, 면접에 대해 궁금해하는 분이 워낙 많아 공개해본다. 입시만 준비했던 고3이 시험 직후 당시 들뜬 마음으로 적어둔 글이니, 부끄러운 말을 해도 너그러이 이해 바란다.

면접 스케치

11월 23일 토요일 홍대 면접을 보았다. 면접장에는 최저기준인 3등급을 충족시키지 못한 학생들도 왔고 정확히 선발인원의 3배수를 뽑은 것이 눈에 띄었다.

앤디 골드워시의 〈고드름 별〉과 리처드 세라의 〈기울어진 호〉 작품과 비빔밥 픽토그램을 연필로 간단히 그리는 문제가 나왔다. 문제지를 들고 시험장에 앉자마자 전공 동양화과 교수님과 다른 과 교수님이 눈에 들어왔다. 이제부터는 대화문이다.

교수 2 성적이 매우 우수하다고 나오는데 이러한 성적을 얻기 위해, 또한 미술도 같이했을 텐데... 미술을 하면서 어떻게 공부를 했나?

나 (고민 끝에 떨리는 목소리로 버벅거리며) 미술과 공부를 같이하려면 시간이 부족할 거라는 생각이 들었습니다. 그래서 학교 수업 시간에 최선을 다했습니다. 시험 기간에도 오히려 평소와 같이 수업 시간에 집중하고 쉬는 시간에 복습하는 노력을 하였습니다.

교수 2+1 학생과 다른 학생 그림의 특징은?

나 예고를 다니면서 저 자신이 테크닉이 부족하다는 것을 느꼈습니다.

교수 2 테크닉이 부족하다고? (말하는 도중에 질문)

나 네, 아무래도 예고이다 보니 잘 그리는 학생들이 많아서 그림을 그릴 때마다 다른 친구들에 비해 테크닉이 부족하다고 느꼈습니다. 그렇기 때문에 저만의 특징을 살리고자 그림에 자주 생각이나 의미를 넣어보려고 했습니다. 현대미술에서도 테크닉보다는 생각이 중요하다고 생각해서 손재주나 테크닉을 연습하기 보다는 미술이론이나 미술사 책을 읽고 저만의 생각과 의미를 작품 속에 넣으며 그림을 그리고자 하였습니다.

교수 2 구체적으로 어떤 그림이 차별화되었는지 예를 들어보게나.

나 (당황) 음, 이상향에 관한 주제로 그림을 그린 적이 있는데 단순한 무릉도원이 아닌 정선의 박연폭포에서 그 폭포의 바위들을 아파트로 처리해 넣음으로서 과거와 현재가 합해져 미래의 이상향이 된다는 의미를 담은 그림을 그렸습니다. (이때 말을 빨리함. 두서없이.)

교수 1 '뜻과 의미를 담기 위해'라고 썼는데 그러기 위해서 노력한 것은?

나 동양화를 전공하고자 하는 학생으로서 동양철학에 관한 책을 부족하지만 조금씩 읽으려 노력했습니다. 또 미술이론이나 동양화, 미술사도 공부하였습니다. 과학이나 수학도 미술이 아니란 이유로 멀리하거나 안 한 것이 아니라 관심을 갖고 공부하고자 노력하였습니다.

교수 1 보고서에 전시회 감상을 하고 '상세하게 기록했다'고 하는데 어느 전시들을 기록했나?

나 (아, 미활에 적은 '상세한 기록'이라는 단어가 궁금했나 보다. 뭐부터 말하지?) 보고서에 썼듯이 아니쉬카푸어전도 쓰고 체코프라하전, 덕수궁미술관에서 한 체코미술전도 쓰고, 오늘의 프랑스미술전….

교수 1 (말을 자르고) 아니쉬카푸어전에 대해 어떤 식으로 썼나?

나 아니쉬 카푸어가 영국에서 태어났는데 어머니인가 아버지가 인도 사람이라고 들었습니다. 그래서 '그의 작품에는 동서양의 조화가 주제로 많이 사용된다' 이런 식으로 기록했습니다.

교수 2 이제 문제로 넘어가자. 위의 두 작품 알고 있던 작가였나?

나 (처음 들어보는 작가네. 누구지?) 처음 보는 작가입니다.

교수 1 둘의 유사점과 차이점을 말해보게나.

나 우선 딱 보았을 때 입체작품이라는 공통점이 있고 둘 다 현대적인 소재를 사용한 거로 보아 현대적인 작품으로 보입니다. 차이점은 왼쪽 작품이 전시할 수 있는 공간이나 시간이 한정적인 것에 비해 오른쪽 작품은 많은 사람이 즐길 수 있고 변화하지 않는다는 점에서 공공 조형물로도 볼 수 있을 것 같습니다. 또한 조형요소를 따지자면 왼쪽은 선을 주로 활용한 반면 오른쪽 그림은 넓은 면을 사용하였습니다.

교수 2 현대적이라 하였는데 그럼 두 작품 중 어느 것이 더 성공적인 현대미술에 가깝나?

나 선을 중요시하는 동양화과에 지원하는 학생으로서 저라면 '면'보다는 '선'을 활용한 왼쪽 작품이 더 성공적이라고 봅니다.

교수 그렇다면 왼쪽 작품의 주제는 뭐라고 생각하는가?

나 음, 얼음이라는 것은 금방 녹고 사라지기에 유한성을 나타낸다면 인생도 마찬가지라서, '인생은 유한하다'가 주제인 것 같습니다.

너무 거창했는지 교수님이 웃으셨다.

교수 식당, 주차장 말고도 픽토그램을 본 적이 있나?

나 네, 올림픽이나 월드컵 경기 때 수영선수의 픽토그램이나 양궁의 픽토그램을 보면서 이해하기 쉬웠습니다.

교수 비빔밥 픽토그램을 설명해보게.

나 아, 제가 비빔밥을 좋아하는데… 우선 모든 비빔밥에는 이렇게 (직접 가리키며) 가운데 달걀노른자가 들어갑니다. 이것이 '황'이고 다른 재료가 흑백적청을 이루어 동양의 오방색이 들어감을 알 수 있습니다. '한식의 세계화' 하면 비빔밥이 주로 나오는 것도 전통적인 철학과 관련이 있다고 생각하여 5부분으로 나누었습니다.

교수 (미소) 누군가가 차 운전대라고 말하면 어찌할 건가?

나　(웃음) 그래서 일부러 비빔밥을 담는 돌솥을 나타내려고 그 부분을 두껍게 남겼습니다. (임기응변이라… 웃음)

교수　(웃음) 누가 이걸 음식점에서 보고 비빔밥이라고 생각하고 먹으러 가겠나? 자동차 바퀴라고 하면 어쩔 건가?

나　아, 자동차 바퀴라기엔 바퀴살이 많지 않고 익숙해진다면 이 픽토그램이 비빔밥인지 빨리 알 수 있을 것입니다. (억지웃음) 각 칸에 다른 색을 넣으면 잘 알아볼 수 있겠지만 재료가 연필이라서….

교수 2　이게 나쁘다는 뜻이 아니네. (웃음)

교수 1　그래, 이게 나쁘다는 게 아니고 여기 숟가락을 놓으면 좋지 않을까? (웃음)

나　네, 저도 그 생각을 했는데. (웃음)

교수 2　나쁘다는 건 아냐.

교수 1+2　(시간을 보고) 수고했네.

　　읽으면 읽을수록 부끄럽다. 면접을 끝으로 수시시험이 다 끝났고 합격자 발표만을 간절히 기다렸다. 면접 일주일 뒤 매우 불안해하며 홍대 홈페이지에 들어갔더니 놀랍게도 수시 1, 2차를 모두 통과하였다. 다행이었다.

수능

미술계열은 국어, 영어, 수학, 사탐/과탐 영역 중 3개 영역 평균 3등급 이내이다. 미대 자율전공은 3개 영역 평균 2등급 이내, 예술학과는 2개 영역 평균 2등급 이내, 전 영역 각각 3등급 이내로 조금 더 까다롭다. 해마다 변동이 있을 수 있으므로 대학 홈페이지를 참고하자.

입시에 대한 두려움은 누구나 있다. 그러나 어디가 정리되지 않았는지 보다 세부적으로 고민하고 해결을 위한 실천을 한다면 두려움이 줄어들 것이다.

'내가 붙을 수 있을까?'와 같은 걱정만 하지 말고, 긍정적인 마음가짐을 가지고 나의 취약점을 더욱 열심히 준비하자.

홍대 미대 수업 &
등록금과 장학금

미대 수업

• 홍대 미대의 특징

홍대 미대는 11개 학과로 세분화되어 있는 만큼 규모도 크다. 1학년 때는 '기초평면' '기초입체' 등의 수업을 과별로 듣는다. 즉 회화과일 경우 회화과 전용 기초평면 수업이, 동양화는 동양화과 전용기초평면 수업이 개설되는 것이다.

단, 교수님의 전공은 각양각색으로 각자의 전공과는 무관한 폭넓은 미술 수업이 진행된다. 1학년 때는 이것과 병행해 기초 전공수업을 듣게 되며 과제가 매우 많다.

홍대는 1년을 다녔는데 2월 말 오리엔테이션이 끝난 직후부터 종강 전까지 매우 바쁘고 보람차게 하루를 살았다. 동기, 선배, 교수님

캔버스에 젯소를 칠한 뒤 말리는 모습이다.

실기실로 향하는 이동 통로이다.

모두 다 좋았고 학구적이고 훈훈한 분위기 속에서 매일 그림 공부를 할 수 있었다. 후회 없이 뿌듯하게 1학년을 보냈고 매일 잠들기 전이면 저절로 입가에 미소가 지어졌다.

• 기초수묵화

선 연습, 대나무 치기, 배접, 난 치기, 북한산 스케치, 자유작품 15점, 그리고 마지막 날 PPT 발표까지 자유롭고 체계적인 수업을 받았다. 비록 일주일에 5점씩 작품을 제작해오는 과제로 인해 자주 야작을 하였지만 지금은 다 추억이다.

마지막 시간에는 교실 앞에서 1학기 동안 자신의 결과물을 발표

미대 건물 내부 쌓아놓은 회화과 캔버스이다.

회화과 작업실이 위치한 곳. 캔버스가 가득하다. ⓒOingoing301

교내 실기실이다. ⓒOingoing301

하는 시간을 가졌다. 칠판에 대표작품 하나를 걸고 나머지 작품은 PPT로 설명하는 방식이었다. 이 수업을 통해 나에게 맞고 또 내가 앞으로 즐겁게 작업할 수 있는 그림을 조금이나마 알게 되었다. 1학기가 너무나 빨리 가버려 아쉬울 만큼 좋았던 최고의 수업이었다.

• 기초입체

교수님의 성향에 따라 과별로 다양한 커리큘럼이 이루어진다. 기초입체나 기초평면은 과제가 많기로 유명한 수업이다. 당시 이러한 수업을 통해 과제에 허덕이는 미대생의 생활을 제대로 경험해볼 수 있었다.

1번째 과제는 대칭과 비대칭의 입체작품제작이었다. 아무리 정확한 전개도를 그리더라도 재료에 따라 그 전개도가 전개되지 않는 경우가 종종 발생했다. 또 평면과 달리 입체작품은 중력을 무시하면 입체물이 고정되지 않고 떨어지는 등의 문제가 발생했다.

2번째 과제는 선재 구성 입체작품제작이었다. 면봉이라는 선재로 나름의 패턴을 고안해 그 방식대로 계속 붙였다. 이 프로젝트 첫 시간에 교수님께서 '선이란 무엇인가?' '성장, 수적인 법칙, 규칙과 반복의 패턴' '피보나치수열과 행렬'에 관한 작품제작방향을 상세히 설명해주셨다.

3번째 과제는 인공물과 자연물을 활용하여 1.5킬로그램의 매스를 가진 입체물 2점을 완성하는 것이었다. 성분, 비율, 밀도는 자유롭게 하되 자연과 인공에서 재료를 각각 1가지씩 써야 했다. 주제 역시 '자연과 인공의 조화'였기에 재료를 선정하는 과정에서 시간이 꽤 소모되었다.

작품을 제작한 뒤에는 보고서를 써야 한다. 보고서는 체계적이고 양이 많으면 많을수록 좋은 평가를 받기 때문에 보통 A4 10~20장 정도 작성했다.

이뿐 아니라 책을 읽고 독후감을 써오는 과제와 미술관 전시 관람 과제도 있었다. 또한 조별로 수업 시작 전에 1번씩 현대미술작가를 심도 있게 조사하여 발표하는 수업이 이루어졌기에 팀플도 끝이 없었다. 1학기가 버겁게 느껴지는 건 사실이지만 그만큼 배운 게 많았던 수업이다.

• 기초평면

첫째 날은 자유로운 주제와 재료로 작품제작을 하는 과제가 나왔다. 그 후에는 선 ,형태, 명암, 질감, 색채 등 기본적인 조형요소를 다루는 수업이 진행되었다. 아크릴, 유화, 콜라주 등 여러 재료를 다뤄볼 수 있었다. 미대 수업은 대부분 시험이 없는 대신 실기결과물이 중요시되는데, 이 때문에 매일 과제의 늪에 빠져서 살 수밖에 없는 것 같다.

등록금과 장학금제도

2014년도에 입학을 하였는데, 등록금 액수가 450만 원이 넘었다. 과별로 조금씩 다르지만 대략 이 정도이다. 아무래도 사립대라 그런지 매 학기에 이 정도 등록금이 나오는 것 같다.

다행히도 홍대는 장학금제도가 잘되어 있다. 국가장학금은 입학하면 각 과에서 조교님이 상세히 알려주기 때문에 생략하고, 여기서는 교내장학금만 살펴보려 한다.

입학성적우수장학금(특별)은 홍대에서 가장 혜택이 좋은 장학금이다. 4년 동안 입학금 포함 수업료 전액 면제와 연간 1000만 원의 학업지원장려금을 지원한다. 미술계열의 경우 수능 국어, 영어, 사탐/과탐(상위 1과목)의 백분위를 반영한다. 특별장학생은 백분위 평균점수가 97 이상이며, 점수 순위가 모집시기별 모집단위별로 상위 10퍼센트 이내에 들어야 한다. 합격자 발표 때 통보하며 학기 중 평균성적 3.5이상을 유지하면 지급된다. 특별장학생 특전으로는 홍대 일반 대학원 진학 시 4학기 등록금 면제 및 국외 유수대학 학위 취득 시 교수 선발 우대가 있다.

입학성적우수장학금(우수)은 1년 동안 입학금 제외한 수업료 전액 면제이다. 미술계열의 경우 수능 국어, 영어, 사탐/과탐(상위 1과목)의 등급을 반영한다. 모집시기별 모집단위별 입학전형 총점 순위가 모집인원의 상위 10퍼센트 이내이고, 1개 영역 1등급, 다른 1개 영역

2등급 이내가 선발기준이다. 마찬가지로 합격자 발표 때 통보하며, 학기 중 평균성적 3.5이상을 유지하면 지급된다.

입학성적우수장학금 말고도 홍익인간장학금(4.0 이상, 학과추천으로 수업료 전액), 자주장학금(3.5 이상, 수업료 80퍼센트 수준), 창조장학금(3.5 이상, 수업료 60퍼센트 수준), 협동장학금(3.3 이상, 수업료 40퍼센트 수준), 경진장학금(3.0 이상, 90만 원) 등 다양하다.

참고로 홍대의 경우 학점 만점이 4.5이다. 전공과목에서 좋은 학점 받기는 정말 하늘의 별 따기인데, 그럼에도 간혹 만점을 받는 학생이 있었다. 놀라울 따름이다.

홍대 미대 행사

• 입학 전 드로잉 수업

실기시험을 치르고 들어오지 않는 홍대 합격생을 위해 겨울방학에 개설되는 미대 강좌이다. 각 과별로 개설된다고 알고 있는데, 지금도 하고 있는지는 확실하지 않다. 드로잉 수업을 통해 입학하기 전 같은 과 사람들을 알게 되고 작품제작으로 의미 있는 방학을 보내게 된다. 추운 겨울 낯선 동양화과 과실에서 처음 보는 동기들과 자유롭게 작품제작을 했던 기억이 떠오른다.

• 과제전

매 학기가 끝날 때쯤 과제전이 열린다. 수업 시간에 그린 그림을 전시하는 형식으로 디스플레이부터 전시 철수까지 다 한다. 과제전 기간에는 캠퍼스 곳곳에 홍보용 현수막을 설치한다. 보통 과별로 열

과제전 풍경이다. ⓒOingoing301

리는데, 1학년부터 고학번까지 모두 참여한다.

• 졸업미전

미대에서 졸업을 하려면 논문 대신 전시를 해야 한다. 여러 차례 심사를 거친 뒤 이루어지는데 통과하기가 매우 어렵다. 졸업미전 시즌이 다가오면 4학년 선배들은 밤새 학교에 남아 작업에 열중한다. 미대 학부 전시 중에서는 졸업미전의 수준이 가장 높으며, 외부 사람들도 많이 구경 온다.

홍대 미대
학교생활 에피소드

• 누드크로키 소모임

대학 와서 처음 해보는 누드크로키인 만큼 상당히 긴장이 되었다. '설마 진짜로 다 벗을까?' 하고 생각했다가, 진짜로 전부 벗어서 깜짝 놀랐다. 물론 그때는 처음이라 놀랐던 것 같고, 지금은 수업을 통해 많은 누드크로키를 해보아서 그런지 익숙해졌다. 앞뒤 문을 다 잠그고 커튼을 친 뒤 모델을 위해 난로를 틀고 바로 스케치를 시작하였다. 어떻게 할지는 매일 달라지지만 보통 처음에는 5분 간격으로 길게, 나중에는 1분 간격으로 빠르게 진행된다.

• 예비대학

예비대학은 신입생을 대상으로 진행되는데 각 과별 특정 모토가 있다. 과 이름으로 재밌는 단어를 만드는데 아이디어가 참신하다.

146

그리고 체육관에 모여 과별 소개 동영상을 본다. 저녁이 되면 과별 술자리가 이루어지는데 여기에는 고학번 선배들도 참여한다.

• 학교 명소

워낙 번화가이다 보니 홍대 주변 전체가 캠퍼스인 느낌이 든다. 교내의 여러 명소 가운데 〈영원한 미소〉라는 조형물은 홍대의 상징이라고 할 수도 있는 조각이다. 학교 명소 TOP 5안에 들 정도로 인기 있는 만남의 장소이다. 학교 정문 홍문관에는 한가람문구가 있다. 가깝기 때문에 다들 여기서 미술 재료를 산다. 겉에서는 작아 보이지만 안으로 들어가면 공간도 넓고 없는 재료가 없다.

홍대 정문. 학교 바로 앞이 번화가이다. ⓒOingoing301

미대 지망생을 위한 추천도서

- 캐롤 스트릭랜드, 《클릭, 서양미술사 – 동굴벽화에서 개념미술까지》, 예경

미술의 시작부터 현재까지를 압축적으로 표현한 책이다. 서양미술사를 한눈에 파악하기 쉽게 정리해놓았다. 책에 실린 수많은 도판과 도표는 미술사를 좀 더 명쾌하고 알기 쉽게 해준다. 마치 인터넷으로 화가나 유파를 검색해보는 것 같아 책 제목도 《클릭, 서양 미술사》인가 보다.

- 왕야오팅, 《중국회화산책》, 아름나무

지금까지 읽은 책 중에서 가장 쉽고 명쾌하게 중국회화를 설명한다. 중국회화이론과 회화사로 나눠진 이 책은 도판이 예술이다. 중국인물화의 18묘법과 산수화의 준법을 설명하면서 일일이 도판으로 예시를 보여주는 것은 물론 남송, 북송, 원의 회화를 친절히 비교해준다. 또한 중국인 저자라 그런지, 유명하지는 않아도 중요한 중국 그림도 많이 실려 있다. 게다가 붓을 핥는 기법, 손가락으로 그리는 지두화, 입에 안료를 머금고 뿌리는 화법, 흰 호분을 튕겨 눈을 표현하는 기법, 엉덩이에 물감을 칠하고는 종이 위에 앉아 완성했다는 〈전설상의 복숭아도〉는 듣도 보도 못한 내용이었다.

- 오주석, 《오주석의 한국의 美 특강》, 솔출판사

  김홍도의 〈씨름〉〈무동〉〈송하맹호도〉〈신선도〉와 정선의 〈금강전
  도〉 등 조선 시대를 화려하게 꽃피웠던 우리 문화와 그림을 재밌게
  해석한 책이다. 우리 옛 그림은 다른 동양이나 서양의 그림과는 확
  연히 다르다. 우리의 소중한 전통적 그림에 대한 자부심을 느낄 수
  있었고 앞으로 조금 더 옛 그림에 애정과 관심을 갖자는 깨달음을
  얻게 된 책이다.

- 기울리아 카민, 《세계의 박물관(Museums) – 세계 각국의 건축 문화유산
  을 찾아서》, 생각의나무

  세계 유수의 박물관과 미술관에 관심이 많은 사람이라면 분명 좋아
  할 책이다. 비록 세계의 모든 미술관을 소개하지는 않았지만(심지어
  한국은 아예 없다), 책에 실린 큼직한 사진이 마음에 든다. 이 책에
  서 소개한 모든 곳을 죽기 전에 한 번씩 가보는 것이 꿈이다.

- 스티븐 파딩, 제오프 다이어, 《죽기 전에 꼭 봐야 할 명화 1001》, 마로니에
  북스

  영어 단어를 모를 땐 영어사전을 찾듯이 그림 작품이 궁금할 땐 이
  책을 찾는다. 연도별로 중요한 미술작품이 모두 수록되어 있기에 마
  치 명화 백과사전을 보는 것 같다. 책 앞뒤에 있는 작품별 색인이나
  화가별 색인을 통해 원하는 작품을 손쉽게 찾을 수 있다는 장점도

있다. 미술사를 공부할 때 집에 1권 정도 있으면 꽤 유용할 것이다.

- **에른스트 H. 곰브리치, 《서양미술사》, 예경**

대학 미술사 수업에 자주 사용되는 권위 있는 책이다. 상당히 두툼한 데다 다소 어렵지만, 여기저기 필독서로 많이 언급되는 중요한 미술사 서적이다. 연도별로 전개되는데, 주제를 잡고 이야기하듯이 작품을 설명하는 방식이 흥미롭다.

이 외에도 《중국회화 삼천년》《소외된 90%를 위한 디자인》《걸작의 뒷모습》《화인열전》《50일간의 유럽 미술관 체험》《진중권의 미학 오디세이》《한 권으로 읽는 청소년 서양 미술사》《그림 아는 만큼 보인다》《로댕의 편지》《그림 읽어주는 여자》 등의 미술 관련서를 추천한다.

또 《진주 귀고리 소녀》《다빈치 코드》《천사와 악마》《바람의 화원》처럼 그림과 관련된 소설 역시 재미있게 읽기에 좋다.

학교도서관이나 미술학원에 항상 구비되어 있는 《미대 입시》나 《월간미술》과 같은 잡지를 통해서도 새로운 정보를 많이 접할 수 있다.

4

미대 그리고
서울대학교

서울대학교 미대 소개

- 미대 위치: 서울시 관악구 관악캠퍼스
- 미대 소속 과: 디자인학부(디자인과, 도예과), 조소과, 서양화과, 동양화과
- 커리큘럼: 2013학년도부터 미대 1학년은 전공 구분 없이 기초입체, 기초평면, 매체의 기초 수강. 2학년 때부터 전공별 수업
- 등록금: 1학기 350만 원 이상

캠퍼스 내 미대 건물. 서울 문화유산으로 지정된 만큼 독특한 공간이다.

미대 속 산책로이다.

정문 쪽에 위치한 MOA미술관이다.

미대로 가는 길이다.

미대 디자인과 49동 건물이다.

미대 디자인과 49동 컴퓨터실. 이곳에서 디자인스튜디오 수업을 들었다.

50동 미대 건물 내부이다.

50동 미대 건물 내부. 미로 같은 구조로 되어 있다.

50동 미대 건물 내부 동양화 2학년 과방이다.

50동 미대 건물 내부 동양화 벽화제작실이다.

미대 구름다리. 왼쪽은 조소과이고 오른쪽 건물 1층에 화방이 있다.

사회대에서 바라본 한여름 미대 전경이다.

한겨울의 미대 풍경이다.

74동 예술복합연구동 내부이다.

서울문화유산으로 등록된 미대 건물이다.

50동 미대 건물 내부이다.

서울대 미대 입시

서울대 내신 파헤치기

여기서 말하는 '내신'이란 '내신 평균등급'을 말하는 것으로, 서울대 미대는 전 과목 내신을 평가에 반영한다. 즉 영어와 국어뿐 아니라 수학, 제2외국어, 체육 등 모든 고등학교 교과과목 성적이 평가요소로 들어간다는 것이다. 내신을 통해 전 과목을 충실히 이수하였는지를 고려하고 학업능력, 자기주도적 학업태도 등을 본다.

내신이 미대 합격기준에 절대적인 영향을 끼치는 것은 아니지만 좋으면 굉장히 유리하다. 그렇지만 내신 1.0이라도 실기나 다른 요소로 떨어질 수 있으므로 절대 안심할 수 없다. 내신 9등급은 붙고 내신 1등급은 떨어질 수도 있는 게 서울대 입시이다.

물론 디자인 비실기전형의 경우 내신이 매우 중요하다고 할 수 있다. 그렇지만 실기전형의 경우 내신은 여러 평가 요소 중 하나로 작용하며 반영비율조차 알 수 없다. 내신이 예술가의 자질이나 성장 과정에 절대적인 역할을 하지 않는다는 걸 학교에서는 이미 아는 것 같다.

실기가 뒷받침되지 않는 이상, 높은 내신이 합격을 보장해주지는 않는다. 그렇지만 모든 것이 불확실한 상황에서 어느 하나 놓치지 않으려는 마음가짐이라면 내신을 챙겨야 한다. 말 그대로 종합평가 이기 때문에 내신이 높으면 불리한 자신의 다른 평가요소를 커버할 수도 있다.

자소서, 실기, 면접에 확고한 자신감이 없다면 내신을 관리하자. 내신이 좋다면 자신의 성실성과 학업성취도를 보여주는 데 유리하다.

미대는 해마다 지원자들이 넘쳐난다. 어떻게 해야 다른 지원자들과의 차별성을 확보할 수 있을까? 실기나 자소서가 뛰어난 경우가 아니라면 내신으로 승부를 보는 방법이 효과적이다. 떨어졌을 경우 적어도 내신이 낮아서 떨어졌다는 후회나 아쉬움을 남기고 싶지 않다면 최선을 다하자.

내신이 비교적 낮은 경우라도 충분히 붙을 수 있다. 정말 개성 있고 창의적으로 그림을 그리거나 자기소개서의 스토리가 돋보이면 된다. 내신을 커버할 수 있는 자신의 특출한 점을 1차나 2차 시험과정에서 계속 어필하면 된다. 내신이 낮아도 다른 점이 좋으면 된다. 앞서 말했다시피 내신 순서대로 학생을 선발하지 않기 때문에 내신이 안 좋다고 포기하지 말자.

본격 서울대 입시를 알아보기에 앞서 대략적으로나마 서울대 미대 입시에 대해 훑어보고 가겠다.

간단하게 보는 서울대 미대 입시과정

- 1차 통합실기적성평가: 9월 말

- 1차 합격자 발표: 10월 중순

- 자소서, 추천서, 학생부 제출: 발표 바로 다음 주

- 수능: 11월

- 면접: 11월 말

- 최종발표: 12월 초

서울대를 준비할 때는 2마리의 토끼가 아니라 5마리의 토끼(실기, 내신, 자소서, 추천서, 면접)를 잡아야 한다. 준비과정에서 자신이 부족한 부분에 시간을 더 투자하자. 실기가 부족하면 개성적이고 창의적인 실기를, 내신이 부족하면 학과 공부를, 자소서가 부족하면 반복되는 글 수정을, 추천서가 부족하면 담당 선생님과 상담을, 면접이 부족하면 모의면접이나 스스로 녹음을 해보는 등의 노력이 필요하다.

실기시험

기초소양평가

디자인 실기 미포함 전형에 해당하는 경우 1단계에서 서류평가만으로 2배수를 뽑는다. 전국에서 소수의 학생을 뽑기 때문에 1차 서류평가의 평가 자료인 학생부, 자기소개서, 추천서 등이 매우 중요하다. 그림을 배우지 않아도 그림에 대한 열정 및 관심이 있으면 합격이 가능하다. 그림을 오래 그린 만큼 창의적인 인재가 되는 것은 아니기 때문이다. 실기 경력이 짧아 자신이 없을 경우에는 이 전형으로 미대 입학이 가능하다. 일반고나 외고 학생들도 많이 지원한다.

예고나 일반고에서 미술부에 속하거나 미술학원을 다니는 학생들의 경우 대부분은 실기 포함 전형에 지원한다. 디자인, 동양화, 서양화, 조소 모두 1단계 100퍼센트 통합실기평가를 통해 각 전공별 합격인원의 1.5에서 7배수를 우선 선발한다. 조소과 정원이 20명이면 최대 140명이 1단계 합격자가 될 수 있다는 뜻이다.

서울대 실기 파헤치기

당시 기초소양평가는 연필로 2절지에 그림, 전공시험은 화선지에 수묵담채와 A4용지에 설명글 제출이었다. 동양화과는 특이하게도 그림 말고도 글을 제출해야 했다. 시험 5시간 중 준비시간 30분, 1번 문제에 1시간, 2번 문제에 2시간 30분, 마지막 글에 1시간을 투자했다. 시간이 촉박한 데다 잔뜩 긴장한 탓에, 수정을 많이 못 하고 글의 구조나 내용이 엉성한 상태로 제출했다. 평소 그림뿐 아니라 글 쓰는 연습 또한 많이 해두어야 할 것이다.

자소서 쓰는 법

자소서, 어떻게 써야 할까?

간단하게 보는 서울대 자소서 쓰기

- 생활기록부를 뽑는다

- 활동을 추린다

- 키워드를 뽑는다

- 문장을 보강, 추가한다

- 글을 쓴다

- 18번 정도 갈아엎기를 반복하며 수정한다

- 선생님께 피드백을 받는다

- 첨삭을 받는다

- 빠진 건 없는지 마음에 들 때까지 계속한다

- 찜찜한 마음으로 최종본을 제출한다

자소서는 일찍 쓰기 시작할수록 좋다. 서울대 미대 실기전형은 어느 하나도 허투루 준비할 수 없다. 따라서 고등학교 저학년 때부터라도 자소서와 관련된 활동을 잘 정리해보고 어떤 방식으로 써나갈 것인지 충분히 고민할 시간을 가져야 한다. 나중에 한꺼번에 생각하면 중요한 활동을 빠트리는 수도 생긴다.

자기소개서 양식은 서울대 홈페이지 입학자료실의 각종지원서류 양식에서 다운받을 수 있다. 2003년부터 최근까지의 자기소개서를 포함한 서류양식이 공개되어 있다. 해마다 양식이 조금씩 변하지만 전체적인 틀은 같으므로 걱정하지 않아도 된다.

진솔하게 쓰는 것이 관건이고 다른 사람의 자소서를 읽어보는 것도 좋다. 합격한 선배들의 자소서를 읽어보거나 인터넷에 가끔 공개되는 합격자 자기소개서를 참고하면 된다. 같은 전공 합격자의 자소서를 보면 좋지만 그럴 수 없는 경우에는 다른 과의 자소서도 큰 도움이 된다.

자소서에는 전공 관련 활동을 많이 담으면 담을수록 좋다. 자신의 활동과 희망 전공과의 연계를 잘 생각한 스토리텔링을 해야 하기 때문이다. 그러나 중요한 것은 스펙 나열이 아니라, 그 특별한 스펙을 하나의 스토리로 묶는 것이다. 자신이 좋아하는 것을 계속하다 보면 그것이 스펙이 된다. 그러므로 스펙에만 연연하지 말고 자신이 어떠한 사람인지 또 진정으로 좋아하는 활동은 무엇인지 등을 찾고, 그 결과를 솔직하게 담아보자.

자신에게 큰 영향을 미쳤던 책이라면 장르와 상관없이 넣을 수 있다. 디자인과라고 해서 꼭 디자인 관련 책만 써야 하는 것은 아니다. 실제로 〈해리 포터〉 시리즈처럼 대중적인 소설을 쓰고, 이와 연관된 자신의 스토리를 잘 풀어내어 붙인 경우도 많았다.

면접에 책과 관련된 질문이 간혹 나오기도 한다. 꼭 읽어본 책만 자기소개서에 기록하길 바란다. 시간상의 이유로 어쩔 수 없이 인터넷에서 줄거리만 보고 작성한 학생도 있었는데, 다행히 면접 바로 전에 자소서에 기입한 책을 모두 정독하고 합격하였다. 면접장에서 독서활동과 관련된 질문을 받은 학생들이 많으므로, 평소 책을 많이 읽으며 무슨 책을 기록할지 고민해보자.

자소서를 쓸 때는 생활기록부(학생부)나 자신의 미술 관련 활동을 정리해놓고 이를 참고로 하자. 막막하더라도 무작정 해보는 것이 중요하다. 글자 제한이나 맞춤법, 오타 등도 꼼꼼히 살펴야 한다.

1,000자 이내일 경우 무조건 맞추고, 쓸 내용이 너무 많더라도 999자를 지킨다. 500자 역시 마찬가지이다. 자꾸 쓰다 보면 '여기까지가 500자구나' 하는 감이 온다. 특히 자기소개서를 몇 번이고 수정하다가 최종적으로 고칠 때쯤이면 거의 정확하게 어느 정도가 500자인지 알 수 있게 된다.

168

자소서 세부 항목 파헤치기

자기소개서는 하루아침에 완성될 수 없다. 이제는 자소서 1번째 페이지부터 마지막 페이지까지 세부 항목을 살펴보겠다.

먼저 커버에는 지원자의 인적사항을 기록해야 한다. 성명과 생년월일을 기록하는데, 입학사정관들은 이 부분을 보지 않고 채점을 한다. 즉 이 칸을 제외한 곳에 자신의 이름이나 학교 등을 명시해서는 안 된다. 불이익이 있을 수 있으므로 조심하자.

자소서를 쓰기 전에 유의사항부터 꼼꼼히 읽기를 거듭 당부한다. 특히 기재하지 말라고 한 사항은 무조건 지켜야 한다. 외부 미술실기대회에서 최우수상을 수상하였다 해도 절대 자기소개서에 기록하면 안 된다. '학교장의 참가 허락을 받은 교외 수상실적이라도 작성 시 불합격 처리'라는 강한 문장에서 보이듯, 외부활동을 기록하는 순간 떨어진다는 각오를 해야 한다. 어떻게 보면 교내미술경시대회 입선이 자기소개서에서 더 중요한 이야깃거리가 될 수도 있다. 학교활동에 최선을 다해야 쓸거리가 더 많아진다.

1. **고등학교 재학 기간 중 학업에 기울인 노력과 학습 경험에 대해, 배우고 느낀 점을 중심으로 기술해 주시기 바랍니다. (1,000자 이내)**

자기소개서의 모든 문항은 단어 하나하나가 모두 중요하고 의미가 있다. '고등학교 재학 기간'이라고 적혀 있다면 반드시 그에 맞추어야 한다. 초등학교, 중학교 재학 기간을 제외하고 학교에서 한 활동을 위주로 적는다. '학업'과 연관된 활동을 기록하면 된다. 서울대 서류평가는 '학업능력, 자기주도적 학업태도, 전공분야에 대한 관심, 지적 호기심 등 창의적 인재로 발전할 가능성을 종합적으로 평가한다'라고 나온다. 즉 이곳에 이와 관련된 나의 스토리를 어필하면 되는 것이다.

1번 항목이라 가장 중요하게 생각된다. 마지막 제출 전까지 한 20번을 갈아엎었다. 처음에는 1,000자가 부담스럽게 많다고 느껴지지만, 쓰다 보면 욕심이 생겨서 초과하게 된다. 고민 끝에 미술사와 영어에 초점을 맞춰야겠다고 판단하고 키워드를 뽑았다. 실제 자기소개서에 담지 못한 글이 훨씬 많다. 문장 하나하나가 모두 정성 들여 압축한 결과물이다.

2. **고등학교 재학 기간 중 본인이 의미를 두고 노력했던 교내활동을 배우고 느낀 점을 중심으로 3개 이내로 기술해 주시기 바랍니다. 단, 교외활동 중 학교장의 허락을 받고 참여한 활동은 포함됩니다. (1,500자 이내)**

몇 해 전만 해도 2번 항목은 3개 이내의 활동을 각각 700자 이내로 적는 것이었는데 2015학년도부터 통합되었다. 1가지 활동으로 1,500자를 적을지, 여러 활동을 조금씩 적을지는 자신의 선택에 달려 있다.

교내활동으로 '편집부'와 '미전'을 선택했다. 사실 이건 원서접수 일주일 전에 바꾼 거였다. 원래는 '미술실기대회'와 '미술 방과 후 수업'을 썼다. 몇 주를 쏟아부으며 실기대회와 방과 후 수업 내용으로 1,500자를 맞추었는데, 이리저리 생각하다 글을 바꾼 것이다. 만족할 때까지 계속 갈아엎는 과정을 반복하다 보니, 나중엔 지쳐서 대충 써버리고 싶기도 했다. 선생님과 친구들의 피드백이 많이 도움 되었다.

3. 학교생활 중 배려, 나눔, 협력, 갈등 관리 등을 실천한 사례를 들고, 그 과정을 통해 배우고 느낀 점을 기술해 주시기 바랍니다. (1,000자 이내)

이 항목은 2015학년도 이후부터 새로 생긴 것이다. 마찬가지로 1,000자 이내였다. 현재는 '배려, 나눔, 협력, 갈등 관리'와 관련된 내용을 써야 한다. '공부만 잘하는 인재를 뽑지 않겠다'는 뜻으로 보인다.

4. 고등학교 재학 기간 또는 최근 3년간 읽었던 책 중 자신에게 가장 큰 영향을 준 책을 3권 이내로 선정하고 그 이유를 기술하여 주십시오.
   ▶ '선정 이유'는 각 도서별로 띄어쓰기를 포함하여 500자 이내로 작성
   ▶ '선정 이유'는 단순한 내용 요약이나 감상이 아니라, 읽게 된 계기, 책에 대한 평가, 자신에게 준 영향을 중심으로 기술

500자의 적은 분량이므로 어설픈 책 요약으로 글을 마무리해서는 안 된다. 양식에서 보이는 바와 같이 '읽게 된 계기, 책에 대한 평가, 자신에게 준 영향'을 최대한 부각해서 써야 한다.

서울대 자기소개서와 독서는 역사를 나란히 한다. 10년이 넘도록 빠지지 않은 항목인데 그나마 5권에서 3권으로 줄어든 것이다. 앞으로도 사라지지 않을 것이다. 그만큼 기본 중의 기본이라 할 수 있다. 책을 많이 읽을수록 유리하다. 자기에게 맞는 적절한 스토리를 선택할 수 있는 폭이 넓어진다. 책 선택계기나 영향을 밝힐 때 실제 경험을 생각하며 작성해야 글이 잘 나온다. 생기부 독서활동 기록란도 참고하며 어떤 책을 쓸지 고민해보자.

자기소개서 관련 기타 증빙서류 목록

증빙서류는 따로 제출하지 않았다. 초반에는 불안한 마음에 전시회 감상문, 그림 연습한 것, 미술사 노트, 포트폴리오 등을 첨부하고자 했다. 그렇지만 많은 선생님들과 선배들이 증빙서류를 제출하지 않아도 붙는 경우가 많다고 하셔서 결국은 안 했다. 이 부분은 정확하지 않지만 필요하다면 제출하는 것도 상관없다.

마지막으로 입시 때 썼던 자기소개서를 첨부한다. 정답이 있는 것은 아니지만, 입시 준비를 하는 데 작은 도움이 되었으면 한다. 이보다 창의적이거나 독특한 형식으로 작성한다면 더욱 좋을 것이다.

1. **고등학교 재학 기간 중 학업에 기울인 노력과 학습 경험에 대해, 배우고 느 낀 점을 중심으로 기술해 주시기 바랍니다. (1,000자 이내)**

저에게 '배우는 즐거움'을 알게 해준 과목은 '미술사'였습니다. 흩 어져 있던 단편적인 지식이 미술사 수업을 통해 일목요연하게 정 리되었고, 수업 후 도서관에서 여러 권의 동서양 미술사 책을 빌려 심화학습을 하면서 학문적 호기심을 느꼈습니다. 고대 동굴벽화 수 업을 들은 후에는 라스코 동굴 홈페이지에서 동굴 내부를 탐험하 는 3D입체영상을 보았고, 서화동원을 공부할 때는 서예와 갑골문 관련 책을 꼼꼼하게 보았습니다. 수업과 관련된 전시관람 또한 소 홀히 하지 않았습니다. 처음엔 낯설었던 미술 감상이 미술사 공부 와 더불어 더욱 논리적이고 구체화되었고, 이때 정리한 180장짜리 '전시노트'는 제 보물 1호가 되었습니다. 그렇게 학문적 열정을 가 지고 학습한 미술사 공부로 1, 2학기 미술사시험에서 1등을 하였고 무엇보다 즐거움 속에 깊이를 더해가는 공부의 참 의미를 알게 되 었습니다.

세계와 소통할 수 있는 예술가가 되기 위해선 영어는 선택이 아닌 필수란 생각이 들었습니다. 그러나 오랜 기간 미술실기에만 치중했 던 저의 영어 실력은 형편없었습니다. 동생이 읽는 짤막한 영어 동 화책이 이해되지 않을 땐 자존심이 상하기도 하였습니다. 매일 불 안한 마음에 계속 문제집을 풀었으나 성적에 대한 압박감에 스트레 스만 쌓여갔고 영어실력은 제자리였습니다. 무조건 열심히 하는 것이 아니라 '방법을 알고 제대로 공부하는 것'이 필요함을 절감한 저는 《잠수네 아이들의 소문난 영어공부법》을 읽은 뒤 영어는 모국어 습득방식을 따라야 한다는 것을 깨달았습니다. 제 또래 학생이 주인공인 〈길모어걸스〉란 미국드라마를 보았고, TED 강의를 등하교 시 반복 청취하였습니다. 잠자기 전 꾸준히 들은 〈해리 포터〉 오디오북은 저의 영어실력을 원어민 수준으로 올려주었습니다. 남들보다 늦게 시작한 영어공부지만 꾸준히 영어실력을 높인 이때의 경험은 저에게 언어 습득엔 '올바른 방법'이 있다는 것을 알게 해주었고 이 방법은 새로 시작한 중국어 공부에도 많은 도움이 되었습니다.

2. 고등학교 재학 기간 중 본인이 의미를 두고 노력했던 교내활동을 배우고 느낀 점을 중심으로 3개 이내로 기술해 주시기 바랍니다. 단, 교외활동 중 학교장의 허락을 받고 참여한 활동은 포함됩니다. (1,500자 이내)

교내 편집부 활동을 통해 저는 적극적인 의사소통 자세의 중요성을 실감하고 이를 실천할 수 있었습니다. 글 쓰는 것을 그림 그리는 것만큼 좋아하고 좋은 글에 대한 욕심이 있던 저는 교지에 매년 글을 투고했습니다. 그렇게 1학년 때부터 꾸준히 독후감과 전시감상문을 교지에 기고하면서 자연스럽게 편집부에 지원해 편집부원이 되었고 매달 회의에 참가하였습니다. 그러나 저는 처음에는 조용하고 숫기 없었던 성격 때문에 회의에서 한마디도 하지 못하였습니다. 혼자 글 쓰는 것은 잘했지만 부원과 다 같이 교지에 실을 글을 기획하고 토론하는 일은 낯설고 어렵게 느껴졌습니다. 이에 문제의 식을 느낀 저는 회의 때 무조건 질문 1개와 의견 1개 이상을 내자는 저와의 약속을 하였습니다. 그 결과 나중에는 자연스럽게 회의에 참여할 수 있었고 자신감이 생겼습니다. 그 후 회의 때 항상 적극적인 자세를 취했고 토의에 즐겁게 임할 수 있었습니다. 토의를 통해 〈제37회 교지〉에 선배 인터뷰 및 대학탐방에 관한 특집을 기획하고 주체하는 과정에서는 책임감과 뿌듯함을 느끼기도 하였습니다. 직접 졸업한 선배께 연락을 드리고 대학을 탐방하며 인터뷰를 했던 저는 적극적이고 능동적인 자세 덕분에 이러한 기회를 갖게 된 것에 감사함을 느꼈습니다. 인터뷰한 선배, 편집부원, 편집부 담당 선생님과의 교류와 의사소통과정은 공동체적 사회생활과 대인관계의 중요성을 깨닫게 해주었고 소극적이었던 제가 적극적인 학교생활을 할 수 있도록 발전할 수 있는 계기가 되었습니다.

교내 '미술활동의 꽃'이라고 할 수 있는 미전을 통해 글쓰기뿐 아니라 그림에 있어서도 사람들과 적극적으로 교류하고 소통하는 기회를 가졌습니다. 미전 준비과정에서 제 작품에 대한 선생님의 피드백, 친구들의 조언, 감상자들의 평가, 그리고 저의 입장이 서로 얽혀 의사소통을 하고 발전해가는 과정은 장차 예술가가 될 저에게 큰 도움이 되는 좋은 경험이었습니다. 하지만 이러한 소통과정에 앞서 저는 동양화에 대해 진지한 고민과 함께 동양화실력향상의 필요성을 느꼈습니다. 어릴 때부터 미술을 해서 수채화, 아크릴,

파스텔 등 서양화 재료는 어느 정도 익숙했지만 문방사우를 다루는 일은 서툴렀습니다. 미전 때 스스로 만족할 수 있는 동양화작품을 걸기위해 여백과 포치, 선의 완급조절, 먹의 흑백농담건습 등을 꾸준히 탐구하며 절차탁마하였습니다. 소금, 우유, 아교, 먹을 활용한 다양한 재료적 실험도 해보았고 동양의 뿌리 깊고 견실한 조형사고에 대한 연구도 하였습니다. 그 결과 그림을 위해 시작한 연습과 노력이 작품에 당당히 발휘되어 미전에서 좋은 평가를 받고 동양화의 재료뿐 아니라 조형원리에 매력을 느낄 수 있었습니다. 이러한 값진 경험이 밑거름이 돼 노력하면 뜻을 이룰 수 있다는 생각과 함께 그림에 있어 항상 탐구적이고 열정적인 자세를 유지하게 되었습니다.

3. **학교생활 중 배려, 나눔, 협력, 갈등 관리 등을 실천한 사례를 들고, 그 과정을 통해 배우고 느낀 점을 기술해 주시기 바랍니다. (1,000자 이내)**

어머니가 반찬봉사를 하고 계신 지역아동센터에 자연스럽게 드나들며 미술에 재능이 있지만 경제적인 이유로 꿈을 접는 아이들을 많이 보았습니다. 이에 저의 미술공부를 지원해주시는 부모님에 대한 감사함과 함께 아이들에게 진심어린 안타까움을 느꼈습니다. 이 때문에 저는 더욱 뚜렷한 목표의식을 갖고 미술을 하였고 재능기부형식으로 미술봉사를 해보고 싶다는 생각이 들었습니다. 이에 방과 후 일주일에 1번씩 지역아동센터에서 미술 수업을 시작하였습니다. 아이들을 위해 비즈공예, 마블링, 콜라주, 모델크로키, 그림병 고수업 등 다양한 형태의 수업을 직접 계획하고 수업 후에는 그림과 함께 개인별 그림의 장단점을 체계적인 보고서로 만들어 나누어 주었습니다. 미술을 배우는 입장에서 가르치는 입장이 되니 책임감이 컸고 힘들었지만 큰 보람을 느낄 수 있었습니다. 처음에는 미술 수업을 하면서 '왜 이렇게 모를까? 어떻게 이걸 못 그리지?'라고 생각했는데 갈수록 오히려 순수한 아이들의 그림을 보며 제 그림에 대한 성찰적 반성이 들었습니다. 결과적으로 가르친 것 보다 배운 게 더 많았던 봉사활동이었습니다.

그러나 가르치는 학생들 사이에서 크고 작은 갈등들이 수업 중간에 자주 발생했습니다. 미술 수업을 진행하는 것보다 정작 힘들었던 건 수업 시간에 학생간의 갈등을 중재하는 것이었습니다. 지우개를 던지거나 욕설하는 아이, 친구를 괴롭히는 아이, 계속되는 집중과 관심을 원하는 아이 등 초반 수업 분위기는 아이들의 말싸움과 외적갈등으로 그야말로 총체적 난국이었습니다. 이에 저는 수업을 잘 마치면 스티커 하나씩을 나누어 주어 10개를 모으면 선물을 사주는 '스티커 모으기' 제도를 통해 아이들의 흥미와 적극적인 수업참여를 이끌었습니다. 다행히 스티커는 수업 중 학생들 간의 갈등을 해결해주었고 저는 1학년 때부터 시작한 이 미술교실을 3학년 때까지 성심을 다해 준비하고 진행할 수 있었습니다. 이를 통해 나눔의 즐거움을 느꼈고 미술관련 봉사에 지속적인 관심을 갖고 실천하려는 노력을 하게 되었습니다.

4. 고등학교 재학 기간 또는 최근 3년간 읽었던 책 중 자신에게 가장 큰 영향을 준 책을 3권 이내로 선정하고 그 이유를 기술하여 주십시오.

▶ '선정 이유'는 각 도서별로 띄어쓰기를 포함하여 500자 이내로 작성

▶ '선정 이유'는 단순한 내용 요약이나 감상이 아니라, 읽게 된 계기, 책에 대한 평가, 자신에게 준 영향을 중심으로 기술

선정 도서		선정 이유
도서명	콰이어트 Quiet- 시끄러운 세상에서 조용히 세상을 움직이는 힘	평소 교육적인 강의를 자주 찾아보는 저는 20분짜리 〈내성적인 사람들의 힘〉이란 강연을 제목에 끌려 보았습니다. 많은 사람들 앞에서 하는 발표나 장기자랑 같은 것을 두려워하던 저는 항상 감정이나 의사를 전달하는 데 자신감이 없었습니다. 그런 저에게 이 강연은 지적인 위안을 주었고 바로 그 강연자의 책을 구입해 설레는 마음으로 정독하였습니다. "학문적인 탁월함을 나타내는 '고요한 인내'에는 지속적인 주의집중이 필요하다"는 부분에서는 깊은 공감을 하였습니다. 외부 자극에 대한 자신의 반응을 제한시키는 내성적인 사람의 힘은 저의 과묵함과 예민한 감성에 대한 부정적인 인식을 없애주었습니다. 그 뒤로 감추고 싶고 불편하기만 했던 저의 내성적인 성격이 집중, 몰입, 그리고 성실이라는 장점으로 다가왔습니다. 어려서부터 소심했던 스스로가 부끄러웠는데 책을 읽은 뒤 긍정적인 사고와 함께 '외향성을 강요하는 사회' 속에서 당당히 살아갈 자신감을 얻었습니다.
저자	수전 케인	
출판사	알에이치코리아 (RHK)	

도서명	아이콘과 코드- 그림으로 읽는 동아시아 미학범주	수업 시간에 푼 EBS비문학 문제집에 동양화 관련 지문이 나와 반가운 마음에 그 부분을 여러 번 더 꼼꼼히 읽었습니다. 그런데도 지문 속 '사의'라는 개념이 잘 이해가 가지 않아 해설지에서 책 제목을 찾아내 도서관으로 향했습니다. 책을 끝까지 읽은 후에야 동양화에 나오는 대상들은 실상의 재현이 아닌 일종의 상징이자 정신세계를 나타내며 이것이 '사의'라는 것을 알게 되었습니다. 어려운 개념이었지만 다행히도 책 속에 동양화의 미학적 개념을 언급한 100여 점의 그림이 모두 도판으로 제시되어 효과적으로 이해할 수 있었습니다. 사군자 같은 동아시아 전통화에 자주 등장하는 아이콘과 그것이 만들어낸 코드가 무척 재밌어서 책을 보는 내내 눈을 떼지 못하였습니다. 옛 그림 속 상징에 깊은 감명을 받은 저는 책에서 알게 된 아이콘들을 정리한 20페이지의 도상학 파일을 만들었습니다. 그리고 이것을 그림을 그리는 데 직접 활용함으로써 동아시아 문인화에 한층 더 가까이 다가가고자 하였습니다.
저자	임태승	
출판사	미술문화	
도서명	함께 읽는 동양철학- 동양철학의 숲을 거닐다	동양화를 전공하고자 하는 학생으로서 전통 동양화에 대한 정확한 이해를 하고자 저는 동양 철학에 관한 책을 펼쳤습니다. 도가사상, 조선후기의 실학, 불교 선종에 대한 내용을 천천히 곱씹으면서 저는 이러한 동양철학이 동양화에 어떤 식으로 나타나는지에 대해 학문적 호기심을 느끼고 인터넷 검색을 통해 이와 관련된 자세한 자료를 찾아보았습니다. 그 결과 동양의 사유체계는 예술표현 방식에 영향을 주었는데 그 예로 진경산수화, 남종화의 일필휘지를 들 수 있다는 글에서 동양철학의 영향을 찾을 수 있었습니다. 아쉽게도 이 책은 동양화와 관련된 내용을 전문적으로 다루지 않았지만 나열식, 단편적 동양사상이 아닌 동양철학을 다른 다양한 인문학들과 연관을 시켜 이해하기 쉬운 설명을 해주었습니다. 독서 후 확실히 철학과 더불어 동양화에 대한 이해가 깊어졌고 책을 통해 이 둘의 떼어낼 수 없는 관계를 꿰어 이해해 가는 과정에서 전공하고자 하는 동양화에 대한 강한 애정이 생기고 지적 만족을 느낄 수 있었습니다.
저자	김교빈 외 13	
출판사	지식의 날개	

추천서

평소 좋아하거나 친한 선생님께 부탁드리면 된다. 추천서 부탁 이후 유웨이나 진학사 등 어느 사이트를 통해 접수했는지 알려드리면, 선생님께서 같은 사이트를 통해 추천서를 올려주신다. 추천서를 부탁한 후에는 마음을 비운다. 내가 할 수 있는 게 없기 때문이다. 마음을 비우고 내가 할 수 있는 것에 더욱 집중한다.

면접

서울대 면접에서 준비해야 할 것

서울대 면접에서는 크게 2가지를 설명해야 한다. 바로 면접장 이젤 위에 놓인 1차 그림과 자소서와 관련된 질문이다. 대부분 그림 설명 5분, 자기소개서 검토 5분인 듯하다. 면접장에 들어서면 전공 교수님 3분과 자신의 시험그림을 올려놓은 이젤 사이에 앉게 된다. 학생 말에 반응 좋게 웃어주시는 교수님도 있고 그림만 노려보시는 교수님도 있다. 중요한 건 아무리 면접장 분위기가 차갑다고 해도 할 말은 다해야 한다는 것이다. 기죽어서 말을 못 하면 나중에 엄청 후회한다. 근거 없는 자신감이라도 갖자.

• 면접 준비과정

1. 실기시험 후 재현작을 그려놓고 수능이 끝난 후부터 시간 나는 대로 계속 그림을 보며 면접 준비를 한다

2. 최종적으로 제출한 자소서 속 어떤 질문을 받을 수 있을지 생각하고 미리 연습한다

3. 독서를 통해 전공지식을 많이 쌓아놓는다. 전공과 관련된 질문이 많이 들어온다.

4. 전공교수님의 논문, 기사, 책, 인터뷰 등을 찾아 읽어본다. 어떠한 그림을 추구하는지 알 수 있고 면접장에서 보면 낯설지 않고 반갑게(혼자만) 긴장감을 해소할 수 있다.

5. 미대 홈페이지에서 자신이 지원하는 과의 학년별 커리큘럼을 찾아본다. 면접에서 입학 후 이러한 과목을 수강하고 싶다며 관심을 드러낼 수 있다

6. '~습니다' 체와 '~요' 체 중 무엇을 사용할지 말투, 억양, 시선 등 미리 준비한다. 마지막에는 편안한 마음으로 면접장에 들어간다

7. 짧은 시간 내에 자신을 어필해야 하므로 두괄식 구성으로 말을 명료하게 끝내는 것이 좋다. 말하고자 하는 결론을 먼저 제시한 후 설명을 뒤에 곁들이자

8. 예상질문을 뽑는다

• 면접 예상질문

1. 지원하는 이유는?

2. 구체적인 꿈과 목표는? 혹은 졸업 후에는 무엇을 할지?

3. 무슨 분야에 관심이 많은지?

4. 왜 그림을 그리는지?

5. 가장 인상 깊었던 작품은?

6. 앞으로 어떤 작품을 할 것인지?

서울대 면접 파헤치기

면접에 들어가자마자 그림 설명을 시켰다. 준비한 대로 기초소양 평가와 전공그림에 대해 혼자 계속 설명하였다. 그 후 자소서와 관련된 질문을 받았다. 교수님은 자소서 항목별 1번째 문장을 읽고는 관련된 질문을 하셨다. 당시 받았던 질문 내용은 아래와 같다.

· 그림을 설명해보세요

· (자소서를 보며) 미술사를 좋아하나요?

· 어느 부분? 미술사 중 무엇에 관심이 있나요?

· 겸재 정선에 대해 설명해보세요

· 꿈이 뭐예요?

· 좋아하는 작가는 누구예요?

· 공부는 잘하나요?

· 수능 잘 봤나요?

· 동양화는 언제부터 했나요?

· (자소서의) 미술봉사를 하며 느낀 것은 뭐죠?

수능 준비

수능최저학력기준이 점점 높아지고 있다. 미대의 최저학력기준은 서울대 다른 과에 비해 상대적으로 낮은 편이었다. 그럼에도 불구하고 1차를 통과해도 최저학력기준을 못 맞추어서 떨어지는 학생이 꽤 있었는데, 앞으로 이런 학생들이 더욱 늘어날 것 같다.

물론 이런 말도 있다.

"수능최저학력기준이 3등급일지라도, 당연히 1등급이 3등급보다 높은 평가를 받지 않겠냐?"

하지만 이렇게 대답하고 싶다.

"아니다, 수능최저학력기준은 그것만 통과하면 된다."

'3개 영역 3등급'이라고 하면 3, 3, 3만 맞추면 된다. 1, 1, 1이라고 해서 3, 3, 3보다 좋은 점수를 받는 것은 아니다. 적어도 서울대 미대 실기전형 수시에서는 1, 1, 1과 3, 3, 3은 같은 조건을 맞춘 것이며, 어느 쪽이 더 유리하다고 할 수 없다.

그렇지만 미대에는 실기 준비 때문에 3등급이 못 되어 떨어지는 경우가 다수이므로, 수능을 준비할 때 1등급 혹은 적어도 2등급을 맞겠다는 목표로 공부하길 바란다. 수능시험장에서 무슨 변수가 발생할지는 아무도 모른다. 1, 1, 1을 목표로 공부하다 보면 최저등급 걱정은 할 필요가 없어지게 마련이다.

앞서 살펴본 바와 같이 서울대 미대 수시를 위해서는 기초소양, 전공, 자소서, 추천서, 학생부, 면접 등을 모두 꼼꼼히 준비해야 하므로, 수능에 몰입할 수 있는 상황이 안 된다. 미리 공부를 해놓자. 내신시험 기간과 모의고사를 보면서 수능 공부를 같이 끝내놓는 것이 가장 현명한 선택이다. 수능 걱정만 덜어도 실기와 다른 것에 투자할 시간적 여유를 확보할 수 있다.

서울대 미대 수업 &
등록금과 장학금

미대 수업

• 1학년 수업

기초적 소양과 전문적 자질을 교육하고자 1학년 때는 폭넓은 조형적 체험을 하게 된다. 이와 같은 이유에서 서울대 미대 1학년들은 모두 같은 수업을 듣고 2학년부터 각자 전공과정을 통해 전문적 이해와 지식을 쌓는다.

1학년 때는 졸업 필수 이론 과목인 '한국미술과 문화'와 '서양미술사' 수업을 제외하고 12개 수업이 개설된다. '평면조형' '입체조형' '매체의기초'가 각각 4가지씩 개설되고, 학기마다 '평면조형' '입체조형' '매체의 기초'를 하나씩 선택하여 수강해야 한다.

1학기와 2학기 과목명이 동일한데, 1학기 수강의 경우 '평면조형

1'‘입체조형1'‘매체의 기초1'로, 2학기는 ‘평면조형2'‘입체조형2'
‘매체의 기초2"로 성적표에 입력된다. 즉 매 학기에 골고루 1개씩
들어야 한다.

• 평면조형

동양화과와 서양화과에서 각각 2개 수업을 개설한다. 1학기 때 동
양화과 교수님의 평면조형 수업을 통해 화첩을 제작하였고, 2학기
에는 서양화과 교수님 수업을 통해 누드크로키와 자유작품제작을
했다.

평면조형 수업에서는 크리틱이 자주 이루어진다. 처음에는 긴장

여름날 미대 앞 아크로 풍경. 갈색 건물이 전부 미대이다.

하지만 점차 여기에 익숙해지는 것 같다. 한 학생이 작품을 가지고 발표를 하면 나머지 학생들이 질문을 하는데, 하나같이 예리하기 그지없는 질문이 나온다. 당황할 정도로 세세한 질문이 쏟아져 재밌었

미대 조소과 실기실이 위치한 복도이다.

미대 조소과 야외작업장이다.

던 한편 스트레스를 많이 받았다.

• 입체조형

디자인과와 조소과에서 각각 2개 수업을 개설한다. 1학기 때 조소과 교수님의 입체조형 수업을 통해 석고 두상 만들기를 했는데, 처음해보는 거라 매우 힘들었다. 흙으로 무엇을 쌓거나 깎는 건 줄로만 알았지, 이렇게 딱딱하고 무거운 석고를 가지고 작업하는 것인 줄은 몰랐다. 체력적으로 힘들었고 석고 가루 때문에 숨쉬기도 어려워서, 묵묵히 작업하는 조소과 학생들이 참 멋있었다.

• 매체의 기초

키네틱, 영상, 서예, 포토샵 수업이 있다. 키네틱 수업에서는 말 그대로 움직이는 작품을 만드는 과정을 배우고, 영상 수업에서는 직접 영상작품제작을 한다. 서예의 경우 동양화과 교실에서 전통적인 재료인 먹과 벼루를 사용해 예서, 전서, 해서 등 글씨체 및 사군자를 배운다. 전공과 관련된 매우 익숙한 수업 내용이었기 때문에 쉽게 과제를 하면서 수업을 들을 수 있었다.

반면 포토샵 수업은 처음이라 너무 어려웠다. 같이 수강하던 디자인과 친구들은 쉽게 선을 따고 마우스로 요리조리 형체를 만드는데 나는 곡선 사용하는 것조차 이해가 안 갔다. 학기 초에는 일러스트를 배우고 뒤에 포토샵을 배우는데 매일 내주신 과제가 큰 도움이 되었다. 민화 속 호랑이를 그린 후 스캔해서 선으로 따는 것, 네거티브와 포지티브를 활용해 자연과 도시 풍경 나타내기, 이탈로 칼비

미대 디자인과 49동 내부이다.

미대 디자인과 49동 내부. 투명 엘리베이터가 보인다.

노의《보이지 않는 도시들》을 읽고 마음에 드는 도시 완성하기 등이 있었다. 낯선 프로그램을 배울 수 있어서 유익했고, 마지막 과제전에 제출할 작품을 만드는 과정에서 많은 공부가 되었다.

• 2학년 수업

2학년 때부터는 전공이 나뉜다. 이때부터 개인 작업공간으로 쓸 수 있는 매우 아늑한 과방도 생긴다.

디자인과의 경우 공예와 디자인이 확실히 나뉘고 도예, 금속공예, 시각디자인, 공업디자인 등 세부 전공에 대해 배울 수 있다.

조소의 경우 목조, 석조, 금속조, 조각사에 대해 배운다. 2학년이 되면 조소과 친구들이 밖에서 야작하는 모습을 많이 목격하게 된다.

서양화과의 경우 회화, 드로잉, 사진, 영상, 판화 등의 수업을 듣는데, 재밌는 내용이라 타과에서도 많이 듣고는 한다.

동양화과의 경우 전통채색기법, 한지제작기법, 전통수묵기법, 서예와 전각, 동양미술사 등을 배운다.

전공수업을 들은 후 1학년 때와 마찬가지로 학기말에는 항상 과제전이 열린다. 또 복수전공, 단일심화전공, 부전공을 선택하는데, 이에 따라 채워야 하는 학점 수가 달라진다.

등록금과 장학금제도

2015년도에 입학을 하였는데, 국립대학교이다 보니 다른 학교들보다는 저렴하였다. 서울대 다른 과의 경우 훨씬 덜 낸다고 한다. 물론 등록금 전액을 내며 다녀도 되지만 국가장학금이나 학교 내 장학금제도를 통해 무료로 다닐 수도 있다.

국가장학금의 경우 소득분위에 따라 준다. 소득분위와 관계없는 장학금으로는 예술체육비전장학금이 있는데, 국내 4년제대학 예체능계열 학과 3학년 학생들만 지원할 수 있다. 140명씩 뽑으며 최대 2년간 대학교 등록금 전액 및 학업 장려비 150만~180만 원을 지원한다. 추천 및 서류심사와 면접을 받은 뒤 선발하는 방식이다.

학교 내 장학금제도 또한 매우 잘되어 있다. 신입생 성적우수 장학금 대상자로 선정될 경우 등록금 전액 또는 등록금 일부(입학금+수업료의 10퍼센트)를 면제받을 수 있다. 학사 과정 신입생 중 대학별 각 2명씩을 선발하거나 등록인원의 30퍼센트 범위 내에서 선발되는데 정확한 기준은 잘 모르겠다. 더군다나 실기와 면접이 포함된 종합평가를 하는 미대의 경우 사실 순위를 매긴다는 것 자체가 어려울지도 모른다.

그다음으로 성적우수장학금이 있다. 1학기 이상, 전체 학기 성적 평점 평균 이상이 기준이고 등록금 전액을 면제해준다. 학사 과정 학생 중 배정인원 내에서 선발한다는데, 서울대의 경우 학점 만점이 4.3이라 꽤 받기 어렵다고 생각된다. 4.3이 A+이라고 하면, 4.0은 A0, 3.7은 A-이다. 학점 평균을 대략 A-가 되어야 전액 장학금을 받을 수 있다는 뜻이다.

그 외에도 기초생활수급자장학금과 근로장학금이 있다. 기초생활수급자장학금은 국가장학금 유형에 탈락한 학사 과정생 중 성적평균 1.7 이상의 학생을 대상으로 주어진다. 근로장학금은 아르바이트처럼 시급으로 주며, 2016년 기준 시급 8,000원 정도였다. 학교에서 일을 하면 일한 시간만큼 학생 본인명의 계좌로 입금된다. 밖에서 하는 일보다 비교적 시급도 높고 일이 어렵지 않기에 학생들 사이에서 '꿀알바'라고 불린다.

이러한 장학금제도를 잘 활용하면 분명 등록금 걱정 없이 좋아하는 미술 공부에 집중할 수 있을 것이다. 알아볼수록 유리하므로 학교 다니는 동안 인터넷이나 과사무실을 통해 많은 정보를 알아보기를 적극 추천한다.

서울대 미대 행사

• 스케치여행

3박 4일간 진행된다. 동양화과뿐 아니라 조소과, 디자인과, 서양화과도 과에서 각자 개성 있는 여행을 가는데, 조소과의 경우 바닷가에서 다 같이 모래조각을 만든다고 들었다. 듣기만 해도 조소과답고 재밌을 것 같다.

동양화과는 마애삼존불이 있는 서산과 대나무 향기 가득한 담양으로 여행을 갔다. 스케치를 통해 고요한 소쇄원과 죽녹원에서 대나무와 하나가 되는 시간을 가졌다. 스케치 여행에서는 단체스케치와 개인작품 품평회가 이루어지기도 한다.

• 과제전

1학년 과제전은 1학년끼리 수업별로 모아서 한꺼번에 이루어진다. 바뀔 수도 있지만 거의 대부분 220동 지하 우석홀이나 미대 복도에서 이루어진다. 2학년 이후부터는 과별로 나뉘어 진행된다.

학기가 끝날 때쯤에 그동안의 수업 결과물을 바탕으로 전시를 진행한다. 과제전 준비 기간에는 작품 완성 때문에 밤새 과실에 남아 있는 미대생들을 심심찮게 볼 수 있다. 1학기에 1번씩, 즉 1년에 2번 준비해야 한다.

서울대 미대
학교생활 에피소드

• 신입생 환영회

신입생들이 입학하기 전 1월에 열리는 행사이자 말 그대로 신입생을 환영하는 과 전체의 단합행사이다. 처음 만난 선배들과 술을 마시며 서로 알아가고, 입학하기 전 학교생활에 대한 조언 및 경험담을 듣는다. 새내기 입장에서는 정말 귀를 쫑긋 세우고 들을 만한 유용한 내용이 많았다. 작품 방향, 전시회, 교수님 수업, 과제 등에 대한 팁이 오간다.

• 새내기배움터

미술대학 새내기배움터(일명 '새터')는 2박 3일 일정으로 진행되며 미대 전체가 참여한다. 그만큼 준비 기간도 길고 더 많은 사람을 만나게 된다. 새터를 통해 친해진 다른 전공생들과는 1학년 수업을 통해 다시 만나게 된다. 그러나 아쉽게도 2학년부터는 각자 전공수업을 듣기 때문에 좀처럼 만날 일이 없다. 새터와 1학년 때만 다른 전공생들을 만날 수 있는 기회가 있으니 최대한 서로 많이 인사하고 알아갔으면 좋겠다.

• 새내기대학

예전에는 2박 3일로 열렸으나 이제는 하루만 진행되는 행사이다. 앞에서 말한 신환회가 과별 모임, 새내기배움터가 단대별 모임이라면, 새내기대학은 모든 과와 어울리는 행사이다. 서울대 후드티셔츠를 비롯한 여러 기념품을 준다. 여러 전공을 섞어서 여러 조를 만들기 때문에 통계학과, 응용화학생물학과, 농경제사회학부, 에너지자원공학과 등 다양한 전공의 사람들을 많이 만날 수 있었다.

• 수업설명회

미대 1학년 커리큘럼을 소개하는 자리로 개강 전 거의 마지막 행사이다. 수강 신청 전에 꼭 알아야 하는 내용이 많으므로 부득이한 경우를 제외하고는 반드시 참석한다. 평면조형, 입체조형, 매체의 기초 수업을 담당하는 교수님이나 조교님이 강단 앞에서 수업에 대해 설명해주시는 자리이다. 우리 때는 서울대 미술관 워크숍에서 진행되었다.

• 미대화방

  미대에서 빠질 수 없는 게 화방이다. 온갖 재료는 과제와 작품을 성공적으로 완성하는 데 도움을 준다. 기쁘게도 미대화방(별나라화방)은 바로 미대 안에 위치한다. 거의 모든 재료를 구입할 수 있다. 그뿐 아니라 화방이모와 아저씨도 친절하시고 학생들 이름도 거의 다 외우고 계신다. 아무 목적 없이 그냥 화방이모 얼굴을 보러 가는 학생도 많을 만큼 인기가 많다.

미대화방 모습이다.

• 미대 느티나무와 74동 복합연구동

허기질 때면 줄곧 미대 느티나무로 향한다. 느티나무는 학교생활
협동조약에서 운영하는 카페이다. 경영대 느티나무, 언어교육원 느
티나무 등 카페마다 조금씩 다른 음식을 판다. 미대 느티나무 최고
의 메뉴는 베이글샌드위치인데, 어찌나 맛있던지 거의 매일 점심을
이걸로 먹었다. 오직 미대 느티나무에서만 판매한다.

74동 예술복합연구동 2층에 위치한 우석갤러리에서는 전시할 수
있는 기회가 자주 제공된다.

미대도서관 역시 여기에 위치한다.

예술복합연구동 2층 우석갤러리.
이곳에서 학부생, 대학원, 교수님 들의 전시회가 열린다.

MOA미술관 내부 계단이다. 꼭 한번 직접 가보기를 추천한다.

MOA미술관 내부 모습이다.

동양화과 교수연구실 및 서양화와 동양화과 실기실도 이곳에 위치한다. 조형적으로 아주 아름다운 건물이다.

정문에 있는 MOA미술관. 매우 인기 많은 장소이다. 세계적 건축가 렘 쿨하스가
설계한 건물로 매번 다양한 주제의 전시가 열린다.

MOA미술관의 워크숍 공간으로 가는 길. 이곳에서 미대 수업설명회가 열렸다.

미대생들이 자주 찾는 느티나무 카페이다.

74동 예술복합연구동. 우석갤러리와 교수연구실, 동양화와 서양화 대학원 실기실
그리고 카페와 아름드리식당이 있는 곳이다.

74동 예술복합연구동에 위치한 미대도서관이다.

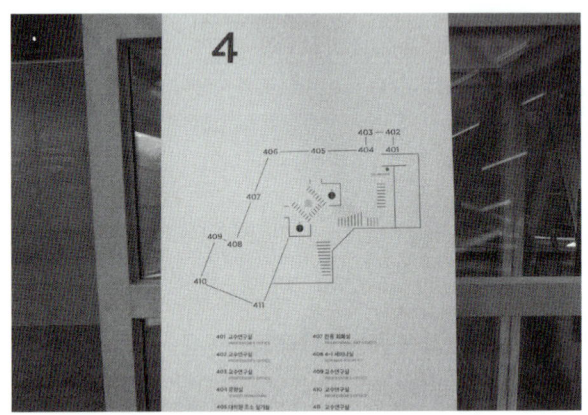

74동 예술복합연구동 내부 4층. 미대 교수연구실.
미대 학부와 대학원 실기실, 세미나실 등이 보인다.

포트폴리오 만들기

집에서 쉽게 포트폴리오 만드는 법이다. 포트폴리오란 자신의 작품을 정리해놓은 자료집을 뜻한다. USB에 담을 제출용 이미지부터 화려하고 예술적인 스크랩북까지 종류가 다양하다. 그중 가장 간단한 제작방법을 소개한다.

필요한 재료는 가위, 풀, 테이프, 작품사진, 컬러 A4용지, A4파일이다. 중·고등학교 학년별 포트폴리오의 경우 20장에서 40장 정도의 A4파일이라면 모든 작품을 담을 수 있다. 편집 내용은 자유롭게 하되, 아래 사항을 꼭 참고하자.

1. 첫 페이지에는 '간지'를 넣는다. 즉 종이를 넣은 후 이곳을 여백으로 둔다는 뜻이다.

2. 그다음 장에 차례나 목차를 적는다. 작품명, 재료, 크기, 제작연도를 포함한 자신의 포트폴리오 수록작품의 목록을 기록한다.

3. 연락처, 자기 사진, 주소, 이메일, 작품을 만든 계기, 가치관 등 간단한 자기소개를 쓴다. 하기 싫으면 이름만 적어도 된다.

4. 작품 사진 및 간단한 설명을 기록한다. 일기 형식으로 써도 되고 인상적인 시를 가져와도 좋다. 단, 작품마다 제목, 크기, 재료, 제작연도를 반드시 명시하자.

5. 마지막 역시 첫 페이지와 마찬가지로 비워놓는다.

작품은 재료, 주제, 멋진 작품, 날짜 등에 따라서 자신이 원하는 대로 정렬한다. 나는 무난하게 작품 완성순으로 포트폴리오를 제작하였다.

이대로만 하면 금방 자료집을 만들 수 있다. 단, 이 방법은 개인 소장용 혹은 중·고등학교 수업 제출용 포트폴리오로만 적당하다. 갤러리나 대학원, 회사에 제출해야 하는 포트폴리오는 이보다 복잡하고 전문적인 형식을 갖추어야 한다.

5

세계 미술여행

미술관은 앞서 살펴본 예중, 예고, 미대 못지않게 훌륭한 교육기관이다. 미술관에서 작품을 보고 느끼는 과정은 그림을 그리는 데 큰 영향을 끼칠 수밖에 없다고 생각된다. 실제로도 그림을 그릴 때 미술관에서 본 작품이 큰 도움이 되었다. 미술관은 미적 안목과 창작 의욕을 키울 수 있는 장소이기도 하다. 학교에서 배울 수 없었던 미술을 느끼게 해준 그 장소를 나라별로 살펴보려 한다.

미술관 설명에 따른 ★★★★★(5점 만점)은 개인적 평가이니 무시해도 상관없다. 미술관 분위기, 규모, 작품 수, 전시 방식, 전시 동선, 유명도, 중심지와의 거리 외에도 당시 컨디션과 개인적 감정이 포함되었다.

우리나라

• 예술의 전당 ★★★★

'예술의 전당'이라는 이름답게 미술, 음악, 무용과 관련된 행사가 열린다. 미술관의 경우 한가람미술관, 서예박물관, V갤러리 등 여러 곳이 있다. 상설전보다는 기획전을 위주로 개최하는데, 방학 시즌 때 특히 유명하고 인기 있는 기획전이 많이 열린다.

• 국립현대미술관 서울관 ★★★★

서울 한가운데 위치한 곳으로 건물 자체가 하나의 작품이다. 주변에 한옥마을과 삼청동이 있으니 함께 방문해도 좋을 듯하다. 미술과 관련된 다양한 프로그램이 열린다.

• 국립현대미술관 과천관 ★★★★★

미술관 내 백남준의 거대한 작품이 눈에 띄는 곳이다. 서울대공원 옆에 있어서 주말 나들이를 하기에도 좋다. 매번 다른 전시를 진행하며, 전시장이 큰 만큼 관람에 오랜 시간을 투자하여야 한다. 미술관 중앙에 탁 트인 공간에서는 항상 획기적인 거대한 작품이 설치되고는 한다.

• 국립현대미술관 덕수궁관 ★★★★★

덕수궁 내에 위치한다. 서울시립미술관과 가까워서 같이 방문해도 좋다. 미술관 앞 분수가 아름답다. 국립현대미술관 서울관 및 과천관과 비교했을 때 상대적으로 전시장 규모가 작다.

• 서울시립미술관 서소문 본관 ★★★★

덕수궁미술관과 인접한 곳에 위치한다. 갈 때마다 천경자 작가의 상설전이 열리고 있었다. 개인적으로는 오래전에 열린 팀버튼 전시회가 가장 흥미로웠다. 그 외에도 서울시립미술관에서 개인적인 취향이 맞는 기획전시를 많이 볼 수 있었다.

• 간송미술관 ★★★

서울특별시 성북동에 위치한 갤러리이다. 작품 보전을 위해 1년에 2번 정도밖에 공개하지 않는다. 그 때문에 간송미술관에서 전시가 열리면 항상 사람들이 미술관 밖에서 어마어마하게 줄을 서고 기다렸다가 입장을 한다. 내부로 입장하면 약간은 허름한 공간에 국보급 문화재들이 있어 깜짝 놀란다. 도록 또한 종류가 엄청나게 많다.

• 리움미술관 ★★★★★

국보급 문화재와 세계 유명한 작가들의 작품이 전시된 곳이다. 기획전과 상설전으로 나뉘는데, 현대미술상설전에는 제프 쿤스, 데미언 허스트, 마크 로스코, 장 뒤뷔페 등의 서양 작가들과 김환기, 박이소 등 한국 근현대 작가들의 작품이 걸려 있다. 고미술 전시장에는 김정희의 서예, 백자 달항아리, 고려청자, 어진 등이 있다.

• 인사동 & 삼청동 갤러리 ★★★★★

가나아트센터, 인사아트센터, 아라리오갤러리, 국제갤러리 등 주로 미술가들이 개인전이나 단체전을 여는 공간이다. 표구를 전문적으로 하는 오랜 역사와 전통을 가진 화방이 많은 곳이기도 하다. 주말이면 바닥이 보이지 않을 만큼 관광객이 인산인해를 이룬다. 작은 갤러리나 전통적인 미술 재료에 관심이 있다면 꼭 추천하고 싶은 장소이다.

• 소마미술관 ★★★

올림픽공원 내에 위치한 소마미술관은 자연친화적으로 건축되었다. 다양한 기획전이 열리므로 갈 때마다 새로운 전시를 볼 수 있다. 소마미술관에 갈 계획이라면 '세계 5대 조각공원' 중 하나인 올림픽공원의 200여 가지 세계적인 조각품도 감상하는 것을 추천한다. 베네수엘라 작가의 〈가상의 구〉, 프랑스 작가의 〈엄지손가락〉, 스페인 작가의 〈하늘기둥〉 등 인상적인 작품이 많다.

• 국립중앙박물관 ★★★

서울특별시 이촌역에 위치한 박물관으로 전시장 규모가 크다. 예전에 초상화와 관련된 전시를 갔는데 큐레이터가 직접 쓴 설명서를 나누어 주고 작품 설명을 진행하였다. 덕분에 조금 더 진지한 작품 감상을 할 수 있었다. 용산전쟁박물관과 함께 외국 관광객들이 가장 많이 즐겨 찾는 곳이라 한다.

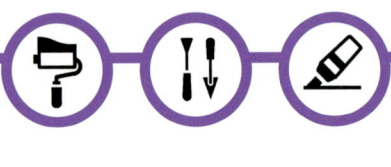

이탈리아

• 아카데미아미술관 ★★★

다양한 베네치아 화풍의 그림을 처음으로 감상한 곳이다. 아카데미아미술관에서 가장 유명하다고 할 수 있는 조르조네의 〈폭풍우〉

는 역시나 가장 돋보이게 전시되어 있었다. 생각보다 커서 놀랐고 현재 별로 남아 있지 않은 조르조네의 작품을 실제 접할 수 있어서 기뻤다.

조르조네의 〈폭풍우〉이다.

아카데미아미술관에서 전시 중인 그림이다.

• 베니스비엔날레 ★★★★

그토록 가고 싶었던 베니스비엔날레에 드디어 가게 되었다. 주요 관광지에서 조금 떨어진 지역에서 열린 덕에 관광지와는 다른 한산한 거리 풍경을 느낄 수 있었다. 아쉽게도 전시 작품이 너무나 많아서 4시간을 꼬박 걸어도 모든 작품을 볼 수 없었다.

비엔날레의 한국관이다.

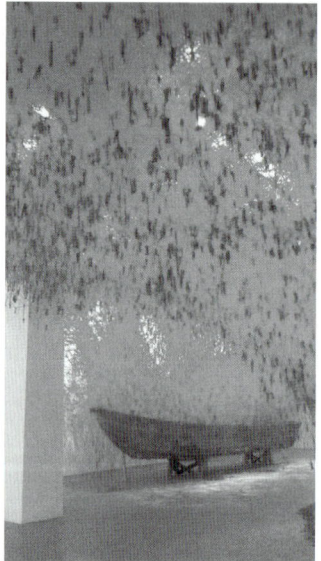

일본관에서 전시하던 작품이다.

• 바티칸박물관 ★★★★★

2시간이 넘도록 줄을 섰다. 박물관에서 이런 경험 처음이다. 입장
하니 사람이 더 많았다. 심지어 중간에 쓰러져서 경비원의 부축을
받으며 힘겹게 숨 쉬던 젊은이도 있었다. 〈최후의 심판〉과 〈아담의
창조〉는 시스티나 예배당에서 실컷 감상했지만, 〈아테네 학당〉과 다

빈치의 스케치 등은 시스티나 예배당 입장 전에 사람들에게 밀리고 밀리면서 겨우 보았다.

라파엘로 〈아타네 학당〉 앞에 서 있는 관람객들의 모습이다.

시스티나 예배당의 천장화이다.

• 피렌체 아카데미아미술관 ★★★

입장료와 예약비를 따로 내고 겨우 입장할 수 있었다. 여름 성수기라 그런지 사람이 너무나 많았다. 기억나는 거라곤 미켈란젤로의 〈다비드상〉뿐이다. 거대한 조각상 주변이 관람객들의 찰칵 소리로 채워졌다.

피렌체 아카데미아미술관의 전시 모습이다.

• 피렌체 우피치미술관 ★★★★

작은 책과 화면에 담긴 그림이 실제로는 내 몸보다 커서 놀랐다. 책으로만 볼 때는 몰랐는데, 이렇게 대단한 명화들을 원본으로 직접 보니 그림이 더욱 풍부하고 아름답게 느껴졌다. 보티첼리의 〈비너스의 탄생〉과 〈프리마베라〉 앞에는 관광객이 너무 많아 사진을 찍을 수가 없었다.

프랑스

• 팔레드도쿄 ★★★★★

파리시립미술관 바로 맞은편에 위치한 이곳에는 동시대 작가들의 실험적인 작품을 다양하게 볼 수 있다. 지금까지 본 모든 전시들

팔레드도쿄가 위치한 건물이다.

중 가장 재밌고 생각할 거리가 많았던 최고의 전시였다. 다른 미술관에서 프레임에 갇힌 액자 작품만 보다가 역동적인 동시대 미술을 보게 되어 참 좋았다.

• 오르세미술관 ★★★★

철도역을 개조한 미술관으로 인상주의를 좋아하는 사람들에게 안성맞춤인 곳이다. 다만 인기가 많아서 입장하려면 줄을 좀 서야 한다. 내부는 조각과 회화로 나뉘어 있다. 오르세미술관의 내부 지킴이들이 심심했는지 우리한테 말을 걸기도 했다. 아무래도 한국인 관광객이 많아서 한국인에게 더욱 관심을 가진 것 같다.

철도역을 개조한 오르세미술관이다.

• 퐁피두센터 ★★★★★

퐁피두센터는 공장처럼 독특하게 생겼다. 2층과 3층은 도서관, 4층은 동시대 미술관, 5층은 현대미술 상설전시관, 6층은 특별전시관으로 구분되어 있다. 특히 4층과 5층은 유명한 작품이 총집합된 곳이다. 피카소, 모딜리아니, 샤갈, 달리, 뒤뷔페, 리히텐슈타인, 뒤샹, 칸딘스키 등 유명한 미술가는 다 있다고 생각하면 된다.

퐁피두센터 전시장이다.

• 오랑주리미술관 ★★★★

오랑주리미술관에는 모네의 〈수련〉 연작이 연달아 걸린 너른 공간이 있다. 신기한 것은 외부 빛의 따라 전시장 분위기가 달라진다는 점이었다. 햇빛이 들어오는 위를 투명 천으로 덮어놓았다. 그래서 구름이 햇빛을 가리면 전시장이 어두워지다가 햇빛이 다시 나오면 밝아졌다. '빛의 화가'라 불리는 모네의 전시답게 빛에 따라 바뀌는 전시공간을 마련한 듯싶었다.

오랑주리미술관 내부와 건물 모습이다.

• 모네지베르니 ★★★★★

딱 2시간이면 다 볼 수 있는 곳이다. 모네의 그림 속 풍경이 실제 내 눈앞에 펼쳐져 마치 그림 속으로 들어간 듯하였다. 여러 종류의 아름다운 꽃 중 특히 수련이 있던 연못은 정말 환상적이었다. 사실 이곳에서 가장 인상적이었던 곳은 바로 기념품가게였다. 독창적이고 창의적인 모네의 그림과 관련된 기념품이 진짜 다양했다.

모네의 정원 연못 풍경이다.

• 베르사유궁전 ★★★

'베르사유궁전' 하면 가장 먼저 엄청난 규모의 정원이 떠오른다. 정원이 정말 커서 궁전의 몇백 배는 되는 것 같았다. 예전에 무라카미 다카시가 베르사유 궁전에서 개인전을 열어 상당히 인상적이었는데, 내가 갔을 때는 아니쉬 카푸어의 작품이 전시되어 있었다. 아니쉬 카푸어는 리움미술관에서도 개인전을 하였는데, 이곳에서 보니 작품의 스케일이 더 커 보였다.

베르사유궁전에서 전시 중이던 아니쉬 카푸어의 작품이다.

• 루브르미술관 ★★★★

'세계3대 미술관' 중 하나로 손꼽히는 곳이다. 하루 종일 봐도 다 못 볼 만큼 작품 수가 어마어마하다. 금요일 6시 이후에 Youth 무료 입장으로 들어갔는데, 그 늦은 시각에도 〈모나리자〉 앞에는 사람들이 바글바글했다. 워낙 작품이 많아 최대한 많이 보려고 빨리빨리 돌아다녀 힘들기도 했고, 제대로 보지 못해 아쉬운 점도 많이 남은 곳이다.

루브르미술관의 내부 모습이다.

• 그랑팔레 ★★★

거대한 궁전이 미술관 형식으로 되어 있는 공간이다. 그랑팔레에는 벨라스케스 전시를 보러 갔는데, 마침 세계적인 디자이너 장 폴 고티에의 전시도 하고 있었다. 바티칸박물관처럼 2시간을 넘게 기다려서 겨우 들어가서 보았다. 그의 특이한 옷과 마네킹 얼굴에 빔 프로젝터를 쏘아 말하는 인형같이 만든 것이 독특했다.

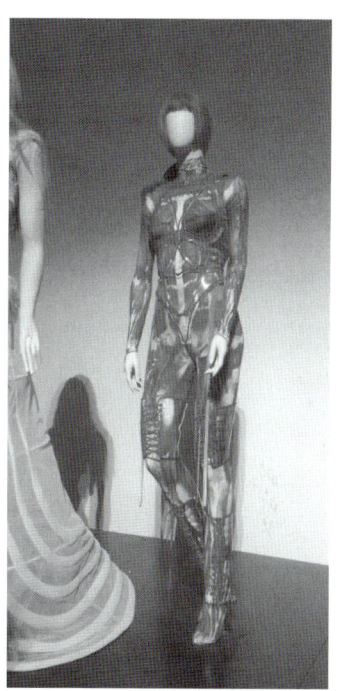

그랑팔레에서는 장 폴 고티에의 전시가 한창 진행 중이었다.

• **피카소미술관 ★★★★**

때마침 내가 좋아하는 〈한국에서의 대학살〉이 전시 중이었다. 전쟁의 참혹함을 알리듯 어두침침한 회색이 지배적인 이 그림은 인물

피카소미술관 내부 전시장이다.

의 표정이 정말 생생하다. 입체주의 화가 피카소의 면 분할 방식이
이러한 슬픔을 나타내는 데 최적이었던 것 같다. 여러 각도에서 바
라본 인물의 비통함, 애석함, 고뇌, 참혹, 비극, 슬픔 그리고 이와 대
조되는 오른쪽 총을 겨눈 군인들의 모습이 인상적이었다.

• 로댕박물관 ★★★★

고등학교 미술사 시간에 파리 로댕박물관의 존재를 처음 알게 되었다. 선생님께서 직접 찍은 사진을 보여주셨기 때문이다. 큰 정원에 작품이 전시되어 있는 모습이 흥미로웠다. 꼭 가보고 싶다고 생각했는데 이렇게 기회가 닿아 신기한 기분이었다. 〈칼레의 시민〉〈발자크 동상〉〈생각하는 사람〉〈지옥문〉 등 수업 시간에 본 유명한 조각품이 다 있었다.

로댕박물관 건물과 작품이다.

• 몽마르트 언덕 ★★★

이 유명한 언덕에 오르면 파리 시내가 한눈에 다 들어온다. 계단에 앉아서 쉬다 보니, 도시 전경을 스케치하고 있는 학생 무리가 보였다. 여기서 좀 더 들어가면 캐리커처를 그려서 팔거나 자기 작품을 파는 화가들이 모인 장소가 나온다. 각자 개성 있는 작품을 판매하고 있었는데 그중에는 정말 마음에 드는 그림도 있었다.

몽마르트 언덕에는 그림을 그리는 화가들과 학생들이 참 많았다.

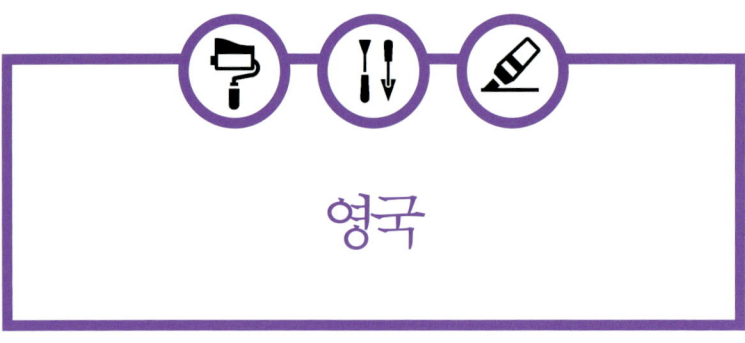

영국

• **영국국립미술관** ★★★★

영국은 모든 박물관과 미술관이 무료입장이다. 영국국립미술관답

영국국립미술관의 전경이다.

게 영국뿐 아니라 여러 나라의 유명한 명화가 전시되어 있다. 가장 유명한 작품 중 하나인 얀 반에이크의 〈아르놀피니 부부의 초상〉 앞에서 작품을 모사하고 있는 학생을 보았다. 사람들의 시선을 의식하지 않은 채 오직 작품과 대화하며 큰 종이에 작품을 모사하는 모습이 흥미로웠다.

• 국립초상화갤러리 ★★★★

전시 작품 중 자신의 피를 뽑아 두상을 만든 yBa(young British artists)의 대표작가 마크 퀸의 작품이 돋보였다. 자학적이라 평가받는 그의 작품을 실제로 보니 더욱 섬뜩하였다. 피를 굳혀 만들었기 때문에 시원한 공기가 나오는 투명한 냉동장치 속에 있었는데, 많은 사람들의 주목을 받았다.

• 테이트모던 ★★★★

2000년에 발전소를 개조하여 새로 문을 개관한 이 미술관에는 세계적인 현대미술품이 전시되어 있다. 미술관 앞을 흐르는 템스 강과 세인트폴 대성당을 이어주는 밀레니엄다리가 멋진 풍경을 이룬다. 역시나 영국답게 무료입장이다.

• 테이트브리튼 ★★★

영국미술의 발전과 현재 동시대 작가들의 작품을 볼 수 있는 유명한 미술관이다. 매년 터너상 수상작 전시도 개최한다. 내가 갔을 땐 테이트브리튼이 수여하는 영국 대표 현대미술상인 터너상 수상자 트레이시 에민의 〈헝클어진 침대〉를 볼 수 있었다. 침대 위 술병, 담배, 양말, 성인용 용품이 보였다. 보통 사람들이 감추고 싶어 하는 것을 내보임으로 '고백미술'이라고도 평가받는다.

테이트브리튼의 실내외 모습이다.

• 사치갤러리 ★★★

부유한 동네인 첼시 지역에 위치해 있다. 세계적으로 유명한 사치 갤러리에서는 큼지막한 공간 속에서 처음 들어보는 작가들의 전시가 진행 중이었다. 전시 공간이 크고 좋아서 그런지 작품이 하나씩 눈에 잘 들어왔다.

사치갤러리의 다양한 전시 작품이다.

• 빅토리아알버트박물관 ★★★★★

6층까지 전시공간이 있는 매우 큰 곳으로 대형작품 수도 어마어마했다. 가장 기억에 남는 곳은 세계 유물을 한데 모아놓은 전시실이었다. 〈다비드상〉〈아테네 학당〉〈트리야누스 원기둥〉 그리고 미켈란젤로의 〈노예〉 등 복제품으로 보이는 작품들이 섞여 있었다. 그렇게 유명한 작품이 두서없이 있으니 조화롭지도 않고 보기에도 안 좋았다. 그와 동시에 '세계 거대한 유물 사이에 서 있자니 난 정말 아무것도 아니구나' 하는 경외심도 들었다.

빅토리아알버트박물관에는 거대한 복제품들이 전시되어 있다.

오스트리아

• **빈미술사박물관** ★★★★★

모든 미술관을 통틀어 가장 화려했던 곳이다. 입장하자마자 입이
떡 벌어졌다. 어느 공간을 찍든 매우 아름답게 나와서 이곳에서만

100장 정도 사진을 찍었다. 전시장 안에서는 풍속화의 대가 피터르 브뤼헐의 그림을 간단히 그려보는 시간을 가졌다. 그의 자연스러운 인물묘사와 그림 속 풍경이 다르게 보였다.

빈미술사박물관에서 전시 중인 작품들이다.

• 훈데르트바서미술관 ★★★★★

미술사를 공부하면서 '훈데르트바서'라는 이름을 처음 들었을 때
이게 사람 이름인지, 지역 이름인지, 양식 이름인지, 표현 기법인지
헷갈렸다. 알고 보니 오스트리아에서 엄청 유명한 작가였다. 미술관
근처에 그가 설계한 아파트가 있는데 마치 그림을 건축물로 만든 것
같았다. 아파트 역시 관광지로 유명하고 미술관 근처에 있으니 잠깐
들려보자.

훈데르트 바서가 설계한 아파트. 실제로도 주민들이 거주하고 있다.

훈데르트바서미술관이다. 외관부터 독특한 모습을 자랑한다.

• 벨베데레궁전 ★★★

쉰브룬궁전처럼 그냥 큰 궁전인줄 알았는데 알고 보니 전시관이
었다. 하나의 궁전 전체를 전시장으로 만들 생각은 어떻게 한 걸까?
여기서 클림트의 유명한 작품은 다 보았던 것 같다. 지금도 '오스트
리아 빈' 하면 클림트의 작품밖에 생각나지 않는다.

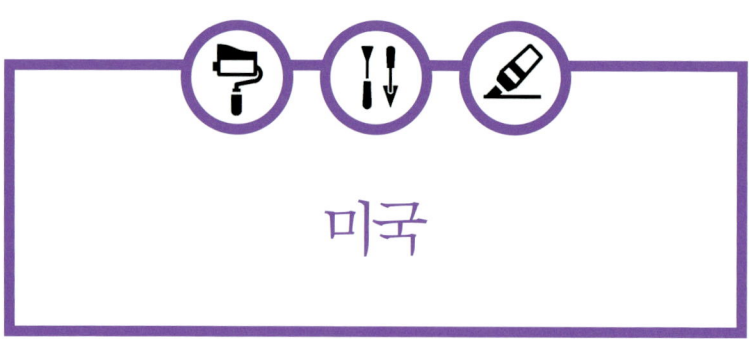

미국

• **뉴욕메트로폴리탄미술관** ★★★★

루브르, 영국국립미술관과 함께 '세계 3대 미술관'이라는 명성에

메트로폴리탄미술관 건물이다.

걸맞은 느낌을 주는 거대한 미술관이다. 피카소, 세잔, 샤갈, 로댕 등 없는 그림이 없다. 아래층에서는 패션과 관련된 재클린의 특별전시가 열리고 있었다. 힘들게 전체 한 바퀴를 돌은 후 피터르 브뤼헐의 작품과 이집트문자를 모사해보는 시간을 가졌다.

• 모마 & 모마P.S.1 ★★★★★

모마는 뉴욕 중심가에 위치해 있다. 들어가면 고흐의 〈별이 빛나는 밤〉, 피카소의 〈아비뇽의 처녀들〉, 앤디 워홀의 〈캠벨수프〉와 같이 교과서에서 보던 작품을 만날 수 있다.

모마P.S.I의 미로같이 생긴 거대한 설치작품이다.

모마P.S.1은 뉴욕 중심가에서 조금 떨어진 퀸즈에 있다. 모마 티켓이 있으면 2주 내에 무료입장이 가능하다. 모마에는 전시를 못 하는 동시대 신진작가들의 멋진 실험작을 전시한다.

전시 중이던 유리공예작품이다.

관객의 적극적 참여를 유도하는 작품.
검은 통신기를 선에 대면 다양한 메시지를 들을 수 있다.

모마 P.S1 전시장 풍경이다.

아기자기한 건물. 개인적으로 가장 마음에 든 작품이었다.

• 구겐하임미술관 ★★★★

소규모 공간에서 피카소, 마티스 등의 다양한 작품을 전시하고 있었다. 기대보다는 작았지만 아주 깨끗하고 전시 공간도 효율적으로 활용하고 있었다. 나선형을 따라 전시를 관람하는 형식인데 이러한 전시 방법을 통해 더욱더 작품에 집중할 수 있었다.

프랭크 로이드 라이트가 설계한 구겐하임미술관이다.

• 첼시갤러리 거리 ★★★★★

뉴욕의 소호에 있던 갤러리가 이곳 첼시로 옮겨 왔다는데, 작은 전시를 좋아하는 사람이라면 꼭 가봐야 할 장소인 듯하다. 가고시언 갤러리나 아고라갤러리 등 엄청난 이익을 창출했던 갤러리가 있는 가 하면, 상대적으로 작은 갤러리도 많다. 거리를 따라 옹기종기 모여 있으며, 다 보려면 기본 3시간은 필요하다. 한국의 두산갤러리도 이곳에서 볼 수 있었다.

첼시갤러리 거리 풍경이다.

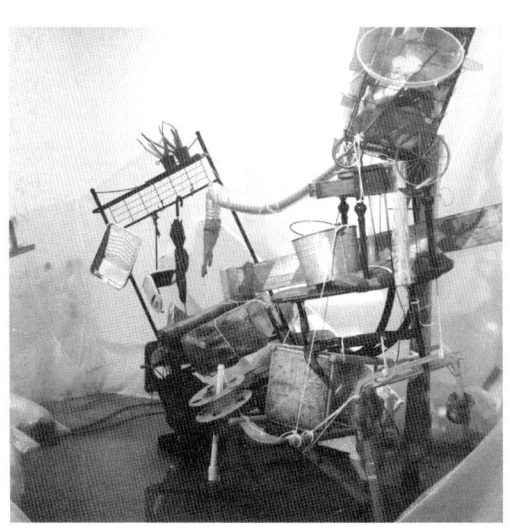

• 휘트니미술관 ★★★★

휘트니미술관은 최근 첼시로 이전했다. 미국미술을 전문적으로 다루는 곳이다. 미술관 꼭대기 전망대에서 바라본 뉴욕 야경이 너무나 아름다웠다. 몇 년 전 덕수궁미술관의 '이것이 미국미술이다. 휘트니미술관전'에서 가장 인상적이었던 만레이의 〈행운〉과 에드워드 호퍼의 〈해 질 녘의 철로〉를 또 볼 수 있었다.

첼시에 위치한 휘트니미술관이다.

만레이의 〈행운〉이다.

에드워드 호퍼의 〈해 질 녘의 철로〉이다.

• 워싱턴국립미술관 ★★★★★

　미술관 안내책자에는 각 층별로 꼭 봐야 할 작품이 표시되어 있었다. 그중 하나가 바로 다빈치의 〈제네브라 초상〉이다. 뒷면의 '미(美)는 덕을 장식한다'는 문구와 그림 속의 나무가 제네브라를 뜻한다고 배운 적이 있다. 실제로 보니 더 반가웠다. 워싱턴의 박물관과 미술관은 영국과 마찬가지로 무료입장이 가능하다.

모네의 〈런던국회의사당〉이다.

렘브란트의 〈자화상〉이다.

다빈치의 〈제네브라 초상〉. 워싱턴국립
미술관에서 가장 유명한 작품이다.

다빈치의 〈제네브라 초상〉 뒷면이다.

• 아서M.새클러갤러리 & 아프리카미술갤러리 ★★★

아시아미술에 관한 스미소니언미술관이다. 건물 내부 위와 아래를 관통하는 설치미술작품이 가장 기억에 남는다. 여러 나라의 '원숭이'란 글자를 입체로 조각해 길게 엮어서 걸어놓은 스케일 큰 작품으로 제목은 〈달을 쫓는 원숭이〉였다. 이곳과 아프리카미술갤러리가 지하로 이어져 있어 자연스럽게 아프리카미술도 감상할 수 있었다. 비록 유럽미술보다는 훨씬 적은 비중이었지만, 아시아미술과 아프리카미술의 가치가 점점 높아지는 것이 보였다.

미술관 건물이다.

• 허시혼조각미술관 ★★★

원형 구조로 된 독특한 미술관으로, 달리의 〈가재 전화기〉를 비롯
해 뒤샹의 여러 작품을 볼 수 있다. 내가 갔을 때는 파리부터 뉴욕까
지 여러 나라의 초현실주의 조각품이 전시 중이었는데 달리의 〈서
랍이 달린 밀로의 비너스〉 조각이 가장 눈에 띄었다. 조각 미술관이
라 조각 전시만 하는 줄 알았는데 평면이나 영상작품도 있었다.

• 국립초상화미술관 & 스미소니언미국미술관 ★★★★★

스미소니언미국미술관과 국립초상화미술관은 같은 건물을 쓰고
있다. 이곳에서 핸슨의 극사실주의 조각과 미국을 크게 형상화한 백
남준의 비디오 작품을 볼 수 있었다. 아주머니 한 분이 전시관에 앉
아 있는 줄 알았는데 알고 보니 조각이었다. 미국 지도를 모티브로
한 백남준의 〈Electronic Superhighway〉도 반가웠다.

진짜 사람인 줄 알았는데 자세히 보니 조각이었다.

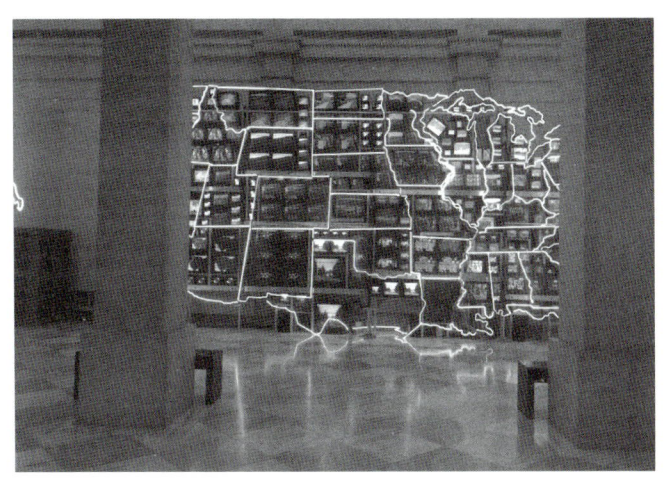

백남준의 〈Electronic Superhighway〉. 미국 지도를 모티브로 한 작품이다

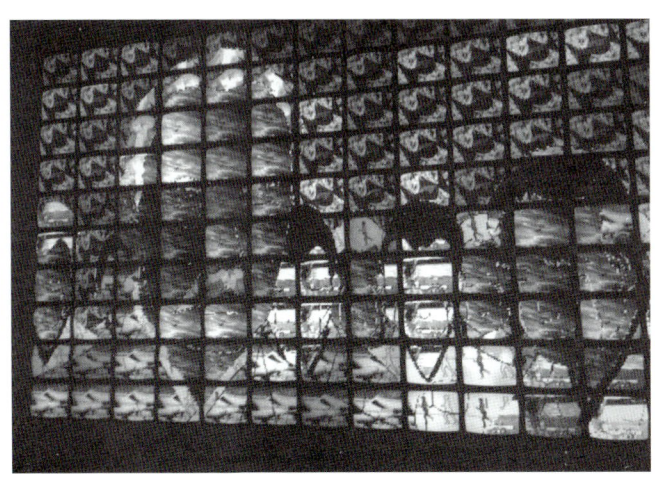

백남준의 작품이다.

• 렌윅갤러리 ★★★★★

갤러리 내 8개의 전시실에서 '원더'라는 대규모 설치미술전이 진행되고 있었다. 큰 방 안에 오로라같이 아름다운 웨이브를 형상화한 무지갯빛 설치작품이 잊혀지지 않는다. 모두 동시대 작가들이었는데 나중에 큰 작가들로 성공할 것 같다는 예감이 들었다. 전체적으로 너무나 만족스러운 전시였다.

관람객들이 자유롭게 누워서 그물로 만든 아름다운 작품을 관람하고 있다.

떨어지는 별의 움직임을 나타낸 조명아티스트 레오 비아레알의 작품. LED 23,000개를 사용했다고 한다.

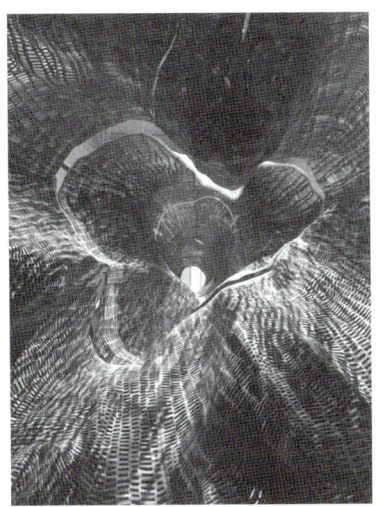

존 그레이드가 160년 된 거목을 사용해 만든 작품이다.

개브리엘 도이의 실로 만든 무지개 작품
이다.

'자연 건축가'라 불리는 패트릭 도허티의
작품이다.

• 필라델피아미술관 ★★★★

작품을 매우 체계적으로 잘 전시해놓은 곳이다. 특히 아시아미술 코너에서는 일본식 건물, 불교 사찰, 불상을 그대로 복원한 것처럼 전시하고 있어서 놀라웠다. 한국관에는 영어로 이름을 쓰면 한글로 된 서예를 프린트해주는 컴퓨터가 있었다. 관람객이 너도나도 자기 이름을 입력하고자 줄을 서는 등 반응이 좋았다.

필라델피아미술관 건물이다.

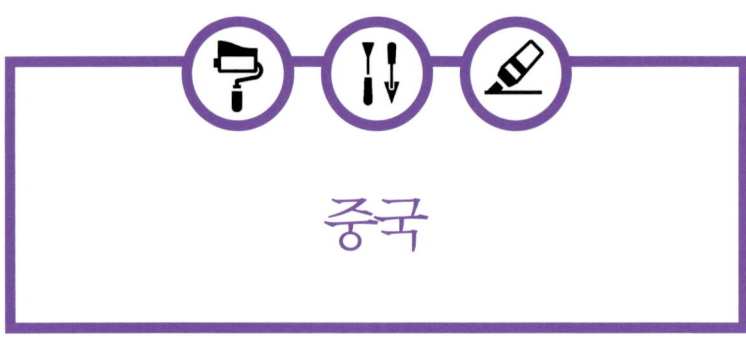

중국

• 중국미술관 ★★★★★

베이징에 있는 중국 최대의 국립미술관이다. 주변에는 왕푸징과 고궁이 있다. 여권이나 학생증을 제시하면 무료입장이 가능하다(월

요일 휴관). 거대한 서예부터 아름다운 사진까지 다양한 전시가 열리고 있었는데, 작가들의 기량이 특히 돋보이는 중국화가 눈에 들어왔다. 미술관 바로 맞은편에는 잠깐 구경하기 좋고 저렴한 화방이 밀집되어 있다.

중국미술관의 전시장 풍경이다.

중국미술관에 전시된 작품이다.

미술관 앞 화방에서 판매하던 붓과 도장이다.

• 798예술구 ★★★★

　엄청난 규모의 예술구로서, 현새 모든 베이징 관광책자에 소개될 만큼 핫한 곳이다. 수많은 갤러리 중 북한 그림만 전문적으로 전시하는 '조선 만수대 창작사' 갤러리가 가장 인상적이었다. 중국에서 느껴보는 북한 스타일이었다.

798예술구의 거리 풍경. 이곳은 수많은 갤러리가 밀집된 지역이다.

• 금일미술관 ★★★

중국이 자랑하는 세계적인 현대미술관이라고 하는데, 기대만큼 크진 않았다. 총 3관으로 이루어져 있고, 반나절이면 충분히 돌아볼 수 있다. 금일미술관 미술관 앞 위에민쥔의 〈웃는 얼굴 조각상〉이 눈에 제일 먼저 들어왔다. 제1관에는 다소 괴기스러운 중국 현대미술가 아창의 전시가 진행 중이었다. 매달 첫째 주 토요일에 무료입장이 가능하다.

미술관 앞에 전시되어 있는 위에민쥔의 웃는 얼굴 조각상

전시장 1층 아창의 거대한 설치작품과 아창 개인전 리플릿이다.

• 국가박물관 ★★★★

천안문광장 바로 옆에 있다. 이곳에 들어가면 먼저 거대한 규모에 깜짝 놀란다. 중앙홀에서 마오쩌둥과 관련된 전시를 하고 있었는데, 우상화되고 신격화된 작품을 통해 사회주의국가로서의 중국을 엿볼 수 있었다. 위층에서는 갑골문자, 공예품 등의 기획전시와 베네치아미술특별전을 하고 있었다. 나머지 전시는 모두 중국 고대유물 및 전통과 관련된 것이었다.

국가박물관 모습. 이번 전시에는 사실적으로 그려진 대형 작품들이 많았다.

- **중화예술궁 ★★★★★**

상하이에 위치하며 무료입장이다. 미술관 규모가 '대륙스럽다'는 말이 나올 만큼 엄청나다. 높은 천장과 넓은 공간에 거대한 그림을 전시하고 있었었는데, 작품 사이즈에 압도당하는 기분이었다. 오창석, 제백석, 서비홍 등 중국미술사의 유명한 작가들을 다 모아놓은 듯하였다.

중화예술궁 건물이다.

• 상하이당대예술박물관 ★★★★

상하이당대예술박물관은 동시대 미술을 집중적으로 전시하고 있
는 곳이다. 중화예술궁과 지하철 1정거장 거리인데 분위기와 느낌
은 사뭇 달랐다. 좀 더 현대적이라고 해야 하나? 이곳에서 상하이비
엔날레가 개최될 예정이라고 한다. 인민광장에 있는 상하이당대예
술관과 헷갈리지 말자.

상하이당대예술박물관의 실내 전경이다.

• 상하이박물관 ★★★

상하이에 도착하자마자 찾아간 곳이다. 도자기, 그림, 서예, 도장, 가구 등 장르별로 전시되어 있으며 관람은 무료이다. 평소 낙관에 관심이 많아서 중국 여행을 가면 항상 기념품으로 도장을 사왔는데, 이곳에서 정말 아름다운 도장을 많이 볼 수 있었다. 사방으로 찍을 수 있는 호리병 모양 도장도 있었고 양각과 음각을 한데 합쳐놓은 도장도 인상적이었다.

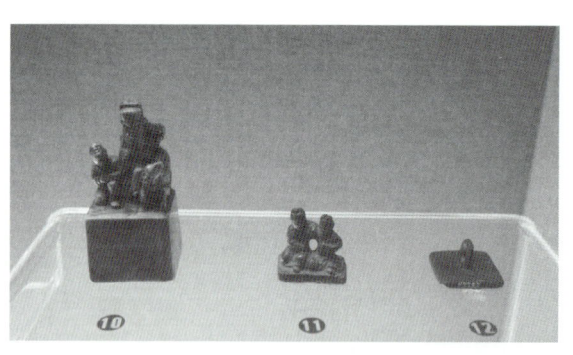

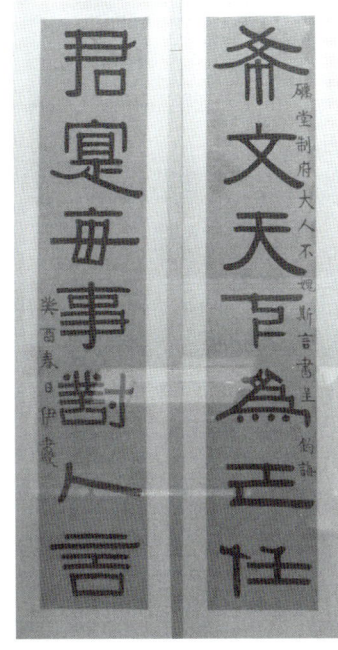

상하이박물관에는 멋진 서예 작품이 무척 많았다.

• 쑤저우미술관 ★★★★★

쑤저우 역에서 버스를 타고 관광지로 들어가자 사람들이 줄 서 있는 곳이 보였다. 바로 쑤저우미술관이었다. 박물관 내부의 야외 정원에서 휴식을 취할 수도 있는데, 루브르피라미드를 지은 중국계 건축

가 페이의 작품이라고 한다. 당시는 쑤저우에서 발굴된 고대 유물과
여러 장신구가 전시 중이었다. 정교한 상아 조각도 참 아름다웠다.

쑤저우박물관의 전시 작품이다.

미술 재료 살펴보기

좋은 재료를 쓴다고 해서 좋은 그림이 그려지는 것은 아니다. 어떤 재료를 쓰더라도 좋은 그림을 그릴 수 있다는 마음가짐이 필요하다. 비쌀수록 좋다는 생각보다는 자신에게 맞는 재료를 고르는 것이 중요하다.

• 종이

중·고등학교 내내 3절과 4절 켄트지를 가장 많이 썼다. 수채화나 소묘를 할 때 모두 켄트지를 이용했기 때문에 1번에 약 100장씩 주문했다. 대학에서는 작업할 때 종이 재질이나 크기 모두 자유롭게 선택하지만, 중·고등학생 때는 다 같이 학교 이젤 화판 크기에 맞는 종이를 사용했다.

• 연필

톰보우 모노100, 스테들러, 파버카스텔 등 연필의 종류가 다양하지만 지금까지는 톰보우 모노J와 하이유니 연필을 주로 썼다. 4B 연필을 많이 쓰는데, 새까맣고 진한 정물이 나올 때면 가끔 6B도 사용했다.

• 지우개

지우개도 종류가 다양하다. 미술용떡지우개, 톰보우지우개, 무지우개,

화홍지우개, 플라스틱지우개, 전동지우개 등이 있다. 그림을 그릴 때 연필만큼이나 중요한 것이 바로 지우개이다. 개인적인 경험으로 말랑말랑한 지우개는 소묘할 때 큰 면을 지우거나 비비는 용도로 좋았고, 딱딱한 지우개는 세심한 묘사를 할 때 좋았다. 특히 HB제도용 플라스틱지우개같이 단단한 것은 반으로 잘라서 지우개의 날카로운 부분으로 묘사를 하면 효과가 좋다. 이건 말로 하는 것보다 직접 그려볼 때 더 이해가 빠를 것이다.

• 수채화물감

초등학생 때 학원에서는 단체로 홀베인물감을 사용했다. 처음에는 세트로 샀지만 후반부에는 많이 쓰는 낱개로 구입했다. 색깔별로 시리즈가 다른데 A시리즈보다는 B시리즈가 조금 더 비싸다.

고등학생 때는 신한SWC물감을 주로 썼다. 요즘 입시생들이 즐겨 쓸 정도로 인기 있는 전문가용 물감이다. 실기 선생님께서 많이 추천해주시기도 했다.

대학교 서양화과 친구들에게 어떤 수채화물감이 좋은지 물어보았더니 다들 윈저앤뉴튼을 추천하였다. 세계적으로 인정받는 물감이라는데 가격이 꽤 비싸다. 이 외에도 화방에 가보면 알겠지만 매우 다양한 종류의 수채화물감이 있다.

• 수채화붓

한창 4절지에 수채화를 열심히 연습할 때 화홍붓 10호와 14호, 바바라붓 6호와 10호를 사용했다. 종이가 크면 더욱 큰 붓이 필요하겠지만 4절지는 이 정도 크기로 충분했다. 팔레트를 닦거나 널찍하게 배경을 칠할 때는 '빽붓'이라고 부르는 배경붓(평붓)을 썼다.

• 콩테, 목탄, 픽사티브, 찰필

콩테 수업 준비물은 항상 문교콩테파스텔 6색과 연필콩테였다. 목탄 수업 때는 파버카스텔의 비싼 목탄 말고도 문구점에서 파는 목탄을 준비해도 되었다. 목탄 역시 콩테와 비슷해서 그림 그릴 때 문지르고 쌓아주어야 하는 부분이 있다. 이럴 때 찰필이 필요하다. 연필과 같이 생긴 것으로 문지르거나 묘사하는 용도이다. 찰필이 없다면 그냥 휴지를 돌돌 말아서 써도 된다. 콩테나 목탄 작품을 마무리한 뒤에는 콩테 가루가 날아가지 않고 작품에 붙어 있도록 픽사티브 같은 접착제를 뿌려야 한다.

동양화를 전문적으로 하는 게 아니라면 비싸거나 좋은 재료가 필요하지 않다. 근처 문구점에서 먹물, 벼루, 붓, 종이를 구입하면 된다. 그렇지만 예중, 예고나 대학에서 동양화 수업을 할 때는 문구점에서 파는 것보다는 좋은 질의 제품을 써야 한다. 가장 저렴한 참먹물은 말 그대로 참 진해서 서예용으로는 괜찮을지 몰라도 그림 그릴 때는 농담 효과를 내기가 어렵기 때문이다. 동양화를 시작하기 위해 필요한 문방사우(먹, 벼루, 붓, 종이)를 알아보자.

• 먹

먹은 동물의 가죽이나 뼈를 원료로 한 접착제인 아교와 그을음을 섞어 만든다. 송연묵, 유연묵, 유송묵 등 종류가 다양한데, 모르면 화방에 가서 추천받으면 된다. 특이한 것은 화방마다 개성 있는 먹을 판매한다는 것이다. 고민이 될 때는 마음에 드는 향을 고르면 된다. 좋은 먹은 좋은 향이 난다고 한다. 단, 관리를 잘못해서 썩으면 고약한 냄새가 나기 때문에 직사광선을 피해 적당한 온도에서 보관하여야 한다.

전공자로서 가장 많이 쓰는 건 고매원 먹이다. 일본 먹으로, 먹과 먹물의 종류가 다양하다. 그 외에도 다양한 먹이 많은데 예전에 중국에서 색깔이 들어간 '십이지 먹 세트'를 발견했다. 너무 예뻐서 아직 안 쓰고 감상용으로 놓아두고 있다.

• 벼루

좋은 벼루란 잘 갈리고 곱게 갈리며 물이 잘 마르지 않아야 한다. 벼루는 봉망(먹을 갈아주는 벼루의 표면)이 생명인데, 이 부분이 매끄러워야 좋다. 사용 후에는 칫솔 등으로 남은 먹 찌꺼기를 밀어서 제거해주어야 한다. 가장 유명한 벼루는 충청남도 보령시의 남포석이다. 벼루의 세계만 해도 책 1권이 나올 정도이므로, 관심이 있다면 별도로 조사해보길 추천한다.

• 종이

예고에서는 연선지, 화선지, 옥당지를 주로 사용했다. 연선지나 화선지는 매우 얇고 비교적 저렴하기 때문에 연습지라고도 부른다. '연습지를 가져오라' 하면 이런 얇은 종이를 준비하면 된다. 처음 동양화를 시작할 때는 이러한 얇은 종이들을 몇백 장씩 구입하여 썼다. 옥당지는 '입시 종이'라고도 하는데 동양화 모의고사를 칠 때마다 옥당지가 나왔다. 연선지, 화선지보다 두툼하고 채색이 잘 먹혀서 그런가 보다. 확실히 얇은 종이에 연습하다가 옥당지를 쓰게 되면 다른 느낌이 난다. 서울대 입시에는 옥당지가 자주 나온다는 말에 옥당지를 열심히 썼는데 실제 시험장에서는 얇은 화선지 여러 장이 나왔다. 결국 모든 종이가 익숙해질 때까지 여러 번 연습하여야 한다. 다양한 종이를 써보길 권한다.

대학에서는 장지, 순지 등 두꺼운 종이를 더 많이 쓴다. 흔히 '작품용 종이'라 하는데 옥당지보다 훨씬 두툼하다. 장지2합, 3합 등이 있고, 두꺼울수록 비싸다.

• 붓

붓은 서예붓, 사군자붓, 평붓, 채색붓, 세필 등 목적에 따라 길이와 크기가 다르다. 서예와 사군자 붓은 붓털의 길이가 길다 보니 물을 많이 머금어 긴 호흡의 선을 긋기에 용이하다. 기운 있는 선을 쓸 때 사용해서 '필붓'이라고도 부른다.

이와 반대로는 색을 입히거나 민화를 그릴 때 쓰이는 짧고 작은 채색용 붓이 있다. 평붓은 주로 화판에 풀을 바르거나 배접할 때 쓴다. 탕탕붓 역시 평붓에 속하는데 배접할 때 화판의 모서리를 딱딱한 검은 평붓으로 '탕탕' 두드린다고 해서 '탕탕붓'이라고 부른다. 세필은 섬세한 묘사를 하거나 공필화를 할 때 쓴다.

처음 동양화를 할 때는 세필, 중간 크기 붓, 사군자 붓 3자루만 있으면 된다.

• 물감

물감은 크게 분채, 석채, 튜브물감 등이 있다. 석채와 분채는 비싸며, 주로 호분이라는 흰 가루와 섞어 채색할 때 사용한다. 튜브물감은 상대적으로 저렴하며, 입시에서는 주로 튜브물감을 쓴다.

• 붓걸이, 모포, 문진, 화첩

그 외에도 붓걸이, 모포, 문진 등이 있으면 좋다.

붓걸이는 꼭 필요한 건 아니지만 붓이 많다면 걸어서 보관하는 게 좋다. 모양이 다양하니 직접 화방에 가서 마음에 드는 붓걸이를 선택하자.

모포는 흰색, 남색, 검은색, 청록색 등이 있다. 대부분 입시할 때는 흰 모포를 사용한다. 검은색 모포는 먹이 묻어도 티가 안 나 좋긴 하지만, 간혹 모포 위 먹이 종이에 묻을 수 있다.

문진은 종이를 눌러서 고정해주는 역할을 한다. 굳이 사지 않고 밖에서 괜찮은 돌을 주어서 대신 써도 된다.

길게 하나로 이어진 종이 묶음 형식의 화첩은 야외 스케치나 이어지는 그림을 그릴 때 유용하다. 대학교 1학년 때 화첩을 직접 만들어보는 시간을 가졌는데, 각자 다양한 크기와 모양의 개성 있는 화첩을 만들었다.

지금까지 수업 첫 시간에 해둔 필기를 보면서 선생님께서 추천해주신 재료를 적어보았다. 사실 재료공부를 한참 더 해야 하는 입장이라 그저 참고만 하길 바란다. 보다 정확하고 자세한 정보는 재료학 서적이나 인터넷을 통해 알아보자. 스스로 궁금한 재료에 대해 공부하다 보면 그림 그리는 데 더욱 도움이 될 것이다.